AF450409

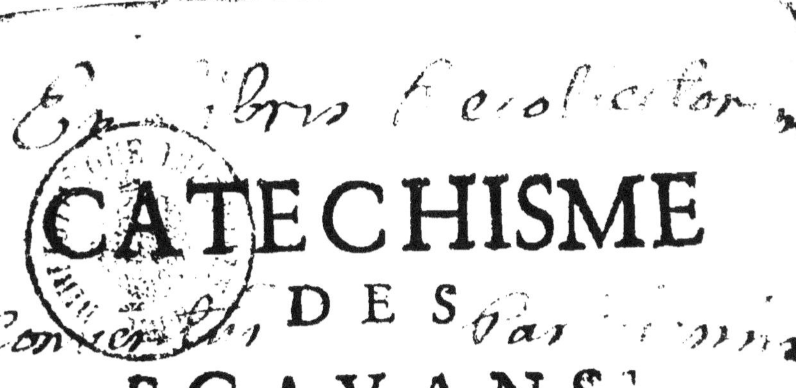

CATECHISME
DES
SCAVANS,

TRES-NECESSAIRE AVX
Theologiens & Predicateurs, ge-
neralement à tous ceux qui desire
viure en la grace de Dieu, & de la
Religion Chrestienne.

DEDIE' A MONSEIGNEVR
LE COADIVTEVR, *Arche-*
uesque de Corinthe.

A PARIS,

Chez IEAN BAPTISTE LOYSON, au Palais,
en la Salle Dauphine, à la Croix d'Or.

M. DC. LI.
Auec Priuilege du Roy.

A MONSEIGNEVR,

MONSEIGNEVR.

L'ARCHEVESQVE DE CORINTHE, ET COADIVTEVR DE PARIS.

ONSEIGNEVR,

Ie ne me suis point trouué en pèine lors que i'ay voulu faire porter

A ij

a mon ouurage le nom de quelque perſõne extraordinaire, & ie ne croy pas que iamais Eſcriuain ait moins deliberé que moy dans vne pareille rencontre. Le deſſein de faire vn liure, où la Religion fut accõpagnée de la doctrine, & la foy du raiſonnement, fut incõtinent ſuiuy du deſſein de vous l'offrir, & ie n'a-

uois garde de songer à
autre qu'à vous, puis
qu'il me falloit vn sça-
uant & vn vertueux.
En effect, MONSEI-
GNEVR, vous estes
l'vn & l'autre, & vous
possedez toutes les belles
habitudes intellectuel-
les & morales si auan-
tageusemēt, qu'il seroit
mal-aysé à resoudre
par laquelle vous auez
le plus iustemēt acquis
ã iÿ

lamour des gẽs de bien,
& l'eſtime de tout le
monde. Vous eſtes ce di-
gne Prelat dont Sainct
Paul nous a laiſſé plu-
ſieurs deſcriptiõs en di-
uers paſſages, & qu'il
a toutes rangées en vne
lors qu'il a dit qu'il deuoit eſtre ſans reproche.
Quand voſtre naiſſan-
ce, qui eſt des plus illu-
ſtres du Royaume, ne
vous auroit pas facilité

la Coadiutoirerie d'vn
Archeuesché que Paris
rend jncomparable, vos
vertus toutes seules e-
stoient capables de vous
la faire donner aussy
bien que le reste de vos
dignitez. Ie pourrois,
MONSEIGNEVR,
m'estendre, infinimet
sur vos loüanges sans
estre soupçonné mesme
d'vne legere côplaisan-
ce, & c'est de vous que

l'on peut dire ce qu'vn
meilleur Panegyriſte
que moy diſoit d'vn
Empereur, que l'õ pou-
uoit le loüer hardiment
ſans craindre qu'il s'i-
maginaſt que les loüan-
ges de ſes perfections
fuſſent les reproches de
ſes deffauts. Sans dou-
te ie ſerois auoüé de tout
le monde, ſi ie diſois, que
vous eſtes genereux,
magnanime, charita-

ble, deuot, modeste, spi-
rituel, docte, temperãt,
& que dans l'aage mes-
me où le peu d'experien-
ce laisse ignorer beau-
coup de choses, & la
chaleur du sang en fait
faire qui ne sont pas cõ-
formes à la raison, vous
estiez desia paruenu à
une cognoissance vni-
uerselle, & à vne sages-
se consommée : Mais
cõme ie ne me suis rien

ã v

proposé que de court dãs
ce liure, i'ay creu que ie
ne vous deuois pas fai-
re vne longue Epiſtre,
qui ſans doute vous ſe-
roit ennuyeuſe, d'autãt
que c'eſt vne de vos
vertus que de n'en vou-
loir pas ouyr parler.

le finiray donc,
MONSEIGNEVR,
par où i'ay commencé,
& ie vous diray qu'ou-
tre vne paſſion extra-

ordinaire, d'auoir l'hō-
neur d'estre cogneu de
vous, & de faire escla-
ter la secrette admira-
tion auec la quelle ie
vous regarde il y a lōg-
tēps, il s'est quasi trouué de la necessité dans
mon choix ; Car sagis-
sāt de la cause de Dieu
ie ne pouuois presque
m'adresser qu'à vous
qui la soustenez si bien
dās vn siecle où il a tant

d'ennemis, qu'il ſemble
que les criminels veüil-
lent encore faire le pro-
cez à leur Iuge, & le
condamner à une ſe-
conde mort. C'eſt par là
que ie me ſuis perſuadé
que vous daigneriés re-
garder de bon œil mon
ouurage, & qu'ayant
touſiours appuyé l'Em-
pire de Dieu par la for-
ce de vos diſcours & de
vos exemples, vous ne

refuſeriez pas voſtre protection a vn liure qui porte vn tiltre ſi glorieux, & que meſme en ſa faueur vous agréeriez qu'auec tous les reſpects imaginables ie priſſe la qualité.

MONSEIGNEVR,

DE

Voſtre tres-humble & tres-obeyſſant ſeruiteur,
DV TEIL.

Approbation.

Nous soussignez Docteurs
en Theologie de la Fa-
culté de Paris certifiós auoir
leu & diligemment examine
vn Traité intitulé l'Empire
de Dieu sur l'hôme composé
par le Sieur Du Teil auquel
nous nauons rien trouué qui
ne soit conforme a la doctrine de noftre Mere Sainĉte
Eglife & l'auons iugé digne
d'eftré mis en lumiere: En
foy dequoy nous auonssigné.
A Paris ce 28. Nouembre.
1647.
F. Iean Qvenisot Carme.
F. Bernard Tarbes Ca-
rme et Doctevr Regent

AV
LECTEVR.

IE ne feray point vne teſte
de Geant, à vn corps de
Nain, ny vne grande porte à
vne petite loge , ceſt a dire
vne longue Preface à vn liure
court, qui ne le ſera pas encores aſſez pour ces eſprits
dont la perfection approche
de celle des Anges, & qui
voudroient cõme eux ſe faire entendre ſans parler. Mon
deſſein eſt ſi clair qu'on ne
ſçauroit lire le premier chapitre ſans en eſtre pleinemét

informé, quoy que les obli-
gatiõs que nous auõs au Createur soient infinies, neantmoins elles se peuuent reduire aux cinq principaux titres
de la seruitude que ie traite
en autant de discours ; Ie n'i-
gnore pas qu'il se pourroit faire comme il s'est fait de gros
Volumes sur chacun des mi-
steres de nostre foy qui en sõt
le sujet : Mais comme ie ne
me sens pas de grãdes dispo-
sitiõs à l'Eloquence & que i'e-
stime plus vn raisonnement
que cent exẽples, & cent me-
tafores, j'ay tasché de dire beau coup de choses en trespeu
de mots, & d'en ajuster deux
qui ne vont gueres de compa,

gnie qui font la clarté la briefueté: On me dira peut-eſtre que ie ne conte rien de nouueau, puiſque ie traite le ſujet ordinaire des écoles, des chaires, & des plumes chreſtiennes, j'auoüeray tout ce qu'on voudra pourueu qu'on m'accorde auſſi qu'ou-tre la difficulté d'inuenter a-pres le nombre jnfiny desEſ-criuains anciens, & des mo-dernes qui les ſurpaſſent, on ne ſçauroit trop parler de no-ſtre derniere fin, non plusque trop faire pour elle. Puiſque ie n'en pretends autre gloire que celle de Dieu l'on ne me ſçauroit empeſcher de reüſ-ſir & de tirer la ſatisfaction

deſclaues, qui tombant entre les mains d'vn bon maiſtre baiſent leur chaiſnes &
publient par tout la douceur
de leur ſeruitude.

TABLE DES MATIERES

Contenuës dans l'Empire de Dieu sur l'homme.

Traité Premier.

De la Creation.

CHAPITRE I.

TABLE

Traité second.

Fin de la Table.

EXTRAICT DV PRIVIlege du Roy.

PAr grace & Priuilege du Roy, il
est permis à Iean Baptiste Loyſõ
Marchand Libraire à Paris d'imprimer vendre & debiter vn Liure
Intitulé *l'Empire de Dieu ſur l'homme
fondé ſur des Raiſons Theologiques Phy-
ſiques & Morales* compoſé par le
SIEVR DV TEIL pendant le temps de
ſix ans entiers, & deffences ſont faites à toutes perſonnes de quelque
qualité & condition qu'elles ſoient
de l'imprimer ou faire imprimer vendre ny debiter d'autre impreſſion du-
dit expoſant à peinede deux mil liures
d'amande & de cõfiſcation des Exem-
plaires, ainſi qu'il eſt plus amplement
porté dans le Priuilege donné à Paris
le cinquieſme iour de Iuillet 1649.

Par le Roy en ſon Conſeil.

RENOVARD.

TRAITE PREMIER.

L'Empire de Dieu ſur l'homme par le titre de la creation.

CHAPITRE PREMIER.

De la difference qu'il y a de l'Empire de Dieu à celuy des creatures.

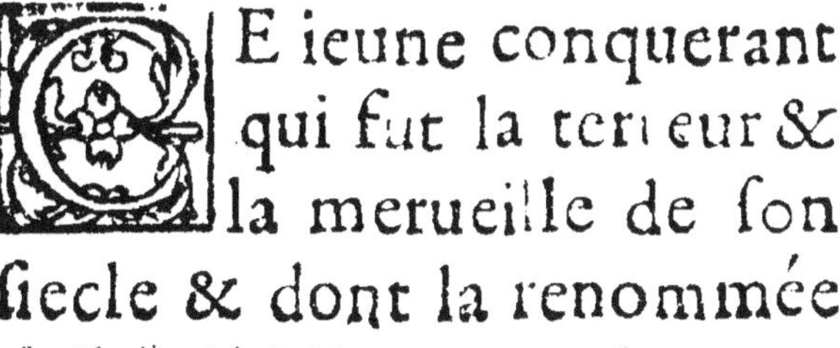

E ieune conquerant qui fut la terreur & la merueille de ſon ſiecle & dont la renommée fait encore tant de bruit dans le noftre, eftimoit le monde trop petit pour fon ambition, & ce courage demefuré fe trouuoit à l'eftroit dans le logement de toute la nature : mais elle fe vangea bien toft d'vn mefpris fi extraordinaire en fe faifant rendre ce qu'elle luy auoit prefté. La mort qui n'a pas pour les lauriers le mefme refpect que le tonnerre, n'efpargna pas ceux d'Alexandre, elle l'enleua parmy les triomphes, & l'arracha d'entre les bras de la victoire. On connut à lors qu'vn petit efpace eftoit capable de le contenir, & qu'il y auoit eu

autant de folie que d'orgueil
dans l'vſurpation qu'il auoit
faite du titre de Dieu à qui
ſeul appartient l'Empire du
Ciel & de la terre. C'eſt ce
que i'ay reſolu de montrer
dans cét ouurage pour deſ-
abuſer les Alexandres de ce
temps, s'il s'en peut rencontrer dans le Chriſtianiſme
qui fait vne particuliere profeſſion de l'humilité. Oüy
ie leur veux apprendre que
Dieu ſeul eſt le Maiſtre ab-
ſolu des hommes & des An-
ges, & que toute leur ſupe-
riorité n'eſt qu'vne partici-
pation, & vne dependance
de la ſienne.

A proprement parler il n'y

a que l'authorité de ce grand Monarque qui foit naturelle fur les hommes, celle qu'ils ont les vns fur les autres à coulé du droit des gens, des loix, & des couftumes qu'ils ont eux mefmes introduites dans le monde pour iouïr du bon-heur qui fe rencontre dans la focieté : ils fe font volontairement foufmis à l'obeïffance des Roys pour fe garantir de l'oppreffion des tyrans, & à la conduitte des fages pour euiter la confufion du peuple de forte, que le refpeɛt, la fidelité, & le feruice qu'ils doiuent à leurs fuperieurs n'ont point d'autres fondemens ni d'au-

tres titres que ceux de la feruitude qui les foumet à Dieu,
dautant qu'ils en ont receu
vn commandement exprez,
c'eſt le General proprietaire
du monde, nous n'en fom-
mes que les vſufructuaires,
nous le tenons à fief de ce
Seigneur dont noſtre ame
releue auſſi bien que noſtre
corps, il n'y a que luy qui
s'en puiſſe prendre à cette
partie, c'eſt pourquoy l'E-
uangile nous imprime vne
iuſte terreur de celuy qui la
peut mettre a la genne, &
à la torture. Il ſemble que
l'Empereur Auguſte tout
payen qu'il eſtoit eut ces
meſmes ſentimens lors qu'il

repudia le nom de Seigneur
& fit faire le denombrement
de tous les hommes à la naiffance de celuy qui fembloit
venir prendre poffeffion en
qualité d'homme de l'vni-
uers, qui luy appartenoit en
qualité de Dieu.

Ie fçay bien qu'Ariftote
dans fes Politiques tafche de
preuuer auec beaucoup de
fubtilité que les perfonnes
de peu d'efprit apportent en
naiffant vne feruitude qui
les foufmet à la domination
de celles qui en ont affez
pour les gouuerner ; mais
outre que cette fuiettion eft
bien legere en comparaifon
de celle que le droit ciuil

auoit introduite chez les Romains & qui donnoit aux maiftres puiſſance de vie & de mort ſur leurs. eſclaues; on pourroit ſouſtenir contre ce grand Philoſophe, qu'elle ne procede pas immediatement de la nature, & qu'elle ne regarde l'homme qu'entant qu'il doit entrer dans quelque ſocieté.

Il n'y a que les ſubſtances intellectuelles qui ſoient capables de domaine, & de juriſdiction, parce que c'eſt en elles ſeulement que ſe trouue la volonté qui eſt le ſiege du commandement ; celuy de Dieu s'eſtend meſme ſur celles qui n'en ont pas, & les chofes infenfibles ont des oreilles pour écouter fa voix. Qui eft celuy cy, difoient les Iuifs, à qui le vent & la mer obeyffent, apres qu'il leur eut commandé de s'apaifer, & de faire fucceder le calme à la tempefte;

Certes, quoy que toutes les creatures luy foient également foumifes, il faut neant-moins auoüer que l'homme luy eft infinimentplus obligé que toutes les autres, qui le regardent à la verité comme leur Pere, & leur bien-fai-&eur, mais non pas comme celuy qui les a rachetées par fa mort. C'eft vn titre de fer-uitude qui nous eft tout particulier, & qui semble nous donner de l'auantage sur les Seraphins. Ce sont des creatures excellentes, leurs forces, & leurs connoissances sont incomparablement plus grandes que les nostres, ces substances separées de la matiere, n'ont de commerce auec les corps que pour les gouuerner en qualité de Lieutenans & de Vicerois de Dieu dans le monde, mais auec toutes ces prerogatiues elles n'ont point esté honorées d'vnion hypostatique du Verbe comme nous, & leur trop de perfection fut cause que les Anges Apostats ne trouuerent point de resource à leur perte.   A v

C'eſt regner que de ſeruir
Dieu : L'homme eſt donc
d'autant plus glorieux qu'il
luy eſt plus redeuable, & qu'il
a plus de ſujet de rechercher
ſa perfection dans ſa fin qui
n'eſt autre que celle-là. S'il
n'y a de la honte à ſeruir les
hommes il y a de la con-
trainte , la liberté pour laquelle il s'eſt donné tant de
batailles , eſt vne choſe ſi delicate, que les moindres obligations la choquent , c'eſt
pourquy on ne rougit pas
ſeulement de mandier, mais
encore d'en venir aux em-
prunts , les bien-faits meſme
qui ſemblent eſtre ſi agreables parce qu'ils ne couſtent

rien, font â charge d'autant
qu'ils impofent la feruitude
de la reconnoiffance. La
raifon eft fans doute que les
hommes font imbus de cet-
te naturelle égalité que l'a-
mour propre leur met con-
tinuellement deuant les
yeux, & qui leur donne vne
fi forte auerfion pour la dependance de leurs fembla-
bles, mais ils n'en ont point
pour celle de Dieu, ils le
reconnoiffent tous pour leur
vray, & naturel Seigneur,
auquel ils ne peuuent point
reprocher leurs foibleffes,
ni leurs iniuftices comme ils
font aux Princes, & aux Ma-
giftrats, qu'ils doiuent neant-

A vj

moins aimer, respecter, & seruir comme les coppies deffectueuses de ce parfait original.

I'ay long-temps consulté si ie deuois parler de l'existé-ce de ce Maistre Vniuersel, où s'il ne valoit pas mieux la supposer comme vne verité connuë d'elle mesme. Enfin puis qu'il s'est trouué des yeux malades qui n'en ont pas peu soustenir l'éclat ou qui se sont malicieusement fermez aux rayons de ce grand Soleil, i'ay cru qu'il seroit à propos d'ouurir les vns, & de fortifier les autres par l'addresse de la persua-sion, & par la vigueur du

raisonnement, & qu'il m'e-
ftoit impoſſible de faillir en
imitant d'autres Medecins
plus experimentez que moy
qui n'ont pas mal reüſſi dans
vne cure ſi difficile.

Les ſimples, & les drogues
qui entreront dans la com-
poſition de ma recepte ſeront peut eſtre ſemblables
aux leurs, mais ie m'aſſeure
qu'il y aura quelque difference dans l'aplication auſſi
bien que dans le meſlange.

CHAPITRE II.
De l'Exiſtence de Dieu.

IL y a des veritez groſſie-
res qui tombent ſous les

fens, & qui font reconnuës de tous ceux qui en vfent conformement aux intentions de la nature. Tous les clair-voyans iugent que le blanc & le noir font contraires, ceux qui n'ont pas le gouft depraué iugent que le fiel n'eft pas doux, & que le fucre n'eft pas amer. Il y en a d'autres plus deliées qui ne font connuës que par la raifon, & qui font aduoüées de tous ceux en qui elle n'eft pas malade, comme que toute chofe eft ou n'eft pas, qu'il eft impoffible qu'vne chofe foit, & ne foit pas en mefme temps, qu'apres auoir donné fon confentement aux deux

premieres propoſitions d'vn
ſyllogiſme regulier, il eſt impoſſible d'en nier la conſe-
quence.

L'Exiſtence de Dieu eſt
vne verité meſlée en quelque façon de toutes lesdeux;
puis que les ſens conduiſent
noſtre raiſon à ſa connoiſſance, & qu'elle ne ſçauroit deſ-
cendre dans le plus bas eſta-
ge de la nature ſans remon-
ter auſſi toſt iuſqu'au plus
eſleué. Les choſes inuiſibles
de Dieu, dit l'Apoſtre, ont
eſté miſes en euidence par
celle des choſes qui ont eſté
faites. Toutes les nations de
la terre ont eſté & ſont encores d'accord en ce point;

elles ne le font pas en loix ni en couftumes : leurs differentes façons de viure & de parler les obligent tous les iours à fe quereller & à fe moquer les vnes des autres; mais comme elles ont toutes vne mefme eftime pour le Soleil, & qu'il paffe chez toutes pour le pere de la chaleur & de la lumiere, auffi iugent elles vnanimement qu'il y doit auoir quelque chofe de plus puiffant que luy, qui l'ait enchaffé dans le Ciel, & qui en ait partagé les employs, & les courfes fi commodement pour noftre vfage. On ne fçauroit leuer les yeux que la penfée ne prene l'ef-

for, qu'elle ne penetre tous
les Cieux, & n'aille cercher
la verité iufques dans les ef-
paces imaginaires; on ne les
fçauroit baiffer que la mefme
penfée ne defcende au centre de la terre qu'elle ne cer-
che la lumiere dans les tenebres, & le fouuerain bien
dans le quartier des malheureux. Le Prophete Roy le
trouuoit par tout où il alloit,
en haut, en bas & à co-
fté. Le monde eft vne belle
machine, il faut qu'vn grand
ingenieur en ait inuenté les
pieces; c'eft vn eftat bien po-
licé, il faut qu'il y ait vn
Prince intelligent qui le gouuerne.

Veritablement ie ne sçay si le zele de la cause de mon maistre m'emporte, & s'il m'échauffe plus qu'il ne m'éclaire, mais ie croy qu'il n'y eut iamais d'Athée resolu, & que les ames des libertins qui meurent en mauuais estat ne sont pas trompées, lors qu'elles ressentent les peines eternelles dont elles auoient seulement douté, Ie sçay bien qu'on m'alleguera l'obstination de quelques enragez qui sont morts le blaspheme à la bouche, & qui dans leurs derniers momens n'ont donné aucun signe de resipiscence ; mais ie soustiens que c'estoient plustost

des effects de leur opiniaſtre-
té que de leur reſolution , &
que la malice rendoit muets
les teſmoignages de leur
conſcience. Tous ces pre-
tendus eſprits forts ne le ſont
qu'en parade , ils reſſem-
blent à ces Gentilshommes
malaiſez qui cachent leurs
beſoins aux yeux des eſtran-
gers , mais eſtant chez eux,
ils ne diſſimulent plus leur
neceſſité , non plus que les
autres leur foibleſſe. Choſe
deplorable ? qu'il ſe trouue
des perſonnes ſi auides de reputation qu'elles vueillent
lacheter au prix de leur ſalut
par des voyes ſi extrauagan-
tes , qui oſent impudément,

& contre leur propre creance nier vne Diuinité , non
pour autre raifon, qué parce-
que tout le monde le con-
feffe, & qui ne croiroient pas
paffer pour habiles gens , fi
elles eftoient de l'opinion
commune. Mais certes il y
a des veritez dont les fages
doiuent eftre d'accord auec
le peuple.

L'empire de Dieu fuit im-
mediatement fon exiftence,
& la noftre, & fe fait puiffam-
ment remarquer dans cette
crainte naturelle que nous
auons de luy : c'eft vn caractere qui fe peut ternir , mais
non pas effacer; c'eft vn ioug
qui fe peut ébranler , mais

non pas secoüer; c'est vn lien qui se lâche, mais qui ne se romp iamais; enfin c'est vne lumiere qui se peut affoiblir, mais qui ne se peut esteindre.

Au fort de nos passions, & de nos debauches, il nous échappe des paroles hardies contre lé Ciel, nous faisons les braues, & les fanfarons contre nostre maistre, mais à peine ces troubles sont-ils passez, que nous retombons dans nostre suj.ction comme dans nostre centre.

Enfin il ne s'en trouue point de si confirmez dans la malice qui n'ayent quelque bon mouuement, ces mala-des ont tousiours quelque in.

terualle dans lequel ils reuo-
quent les difcours qu'ils ont
tenus & les actions qu'ils ont
faites durant leur frenefie:
de là viennent ces remords
& ces fyndereſes qui ne
trouuent point d'endurciffe-
ment à l'efpreuue de leurs
atteintes: ces juges, ces té-
moins, & ces boureaux inte-
rieurs ne ſont-ils pas eftablis
par vne juftice inuifible &
fouueraine du Ciel qui punit
les crimes échappez à la juftice vifible & fubalterne de
la terre? ce font les furies
d'Orefte, & les harpyes de
Phynée qui troublent le repos & gaftent la viande de
ces malheureux qui antici-

pent la peine des damnez, &
commencent de souffrir en
ce monde, ce qu'ils n'ache-
ueront iamais dans l'autre.

Outre ces preuues mora-
les, il y en a de physiques
qui sont demonstratiues non
pas par les causes, Dieu estãt
la premiere, mais par les effets, on les peut proposer de
cette sorte.

Il est impossible que tous
les estres soient contingents
& perissables, d'autant qu'ils
pourroient tous n'auoir pas
esté, & par consequent on
pourroit supposer vn pur
neant de toutes choses, ce
qui ne peut pas seulement
tomber dans la pensée;il faut

donc qu'il y en ait quelqu'vn
d'vne necessaire existence
pour la communiquer à ceux
qui sont indifferens à estre ou
à n'estre pas, & qui les de-
termine plustost à l'vn qu'à
l'autre ; les elem ns ny les
cieux mesme ne sçauroient
meriter ce nom , encore
qu'ils nous semblent incor-
ruptibles, d'autant qu'ils sont
finis, insensibles, & suiets au
mouuement , D'où se tire
vne autre preuue demon-
stratiue qui a conduit Aristote à la connoissance d'vn premier moteur & d'vne pre-
miere cause, qui n'est autre
que Dieu. Toute chose qui
est meuë, est meuë par vne
autre

autre comme toute chofe
qui eft faite eft faite par vne
autre, & par confequent il
faut qu'il y en ait vne qui
meuue toutes les autres &
qui ne foit meuë d'aucune, fi
on ne veut admettre le progrez à l'infiny dans le genre
des caufes , qui eft condam-
né par toute la Philofophie.
Il faut donc que comme il y
a vn premier mobile qui en-
traine le refte des Cieux , il
y ait vn premier moteur qui
foit immobile ; les corps fimples ny les corps mixtes ne
le peuuent pas eftre, puis
qu'ils font fujets aux mouuemens & aux alterations, il
faut donc que ce foit vn ef-

B

prit afin qu'il foit incorrupti-
ble, & qu'il rempliffe tous les
lieux veritables & imaginaires, afin que n'ayant point ou
fe remuer, il foit immobile
par fon immenfité.

Cette verité eftant efta-
blie, comme elle le fera prefque dans toutes les parties de
cét ouurage, qu'il y a vn eftre
fpirituel, infiny en bonté, en
puiffance & en eftenduë, ab-
folu, & neceffaire, qui a tiré
tous les autres du neant, il eft
plus que raifonnable qu'il y
ait vne Religion pour adorer ce Dieu, pour feruir ce
maiftre, & pour remercier
ce bienfacteur; Nous en par-
lerons donc pluftoft que de

la creation. Bien que celle-
cy la precede, d'autant qu'on
ne sçauroit penser à l'existence d'vn Dieu, sans luy dresser aussi tost des Autels &
faire des sacrifices.

CHAPITRE. III.

De la Religion en general.

Comme toutes les na-
tions ont creu qu'il y
auoit quelque Diuinité, laquelle auoit produit & main-
tenoit l'Vniuers, elles ont
aussi esté de mesme senti-
ment qu'il la falloit adorer &
seruir : & comme elles ont

conneu que nos crimes attiroient sur nos testes son cou-
roux & sa vengeance, elles
ont iugé qu'il la faloit appai-
ser par des prieres, par des
purifications & par des sacrifices, & n'ont point fait de
doute qu'elle n'eust assez de
bôté pour exaucer nos veux
& pour receuoir nos offran-
des : Mais comme elles n'ont
iamais esté bien d'accord
touchant sa nature & son
vnité, que par la persuasion
des sainctes lettres, celles qui
n'en ont pas esté informées
n'ont iamais bien conuenu
du culte qu'on luy deuoit
rendre, elles l'ont ajusté à
leur mode & à leur inclination.

Dieu mesme n'a pas tous-
jours voulu estre seruy auec
de semblables ceremonies,
& les Chrestiens n'oseroient
pratiquer aujourd'huy celles
des Iuifs qui leur sont en horreur, bien qu'ils fussent autrefois le peuple esleu , &
qu'ils les eussent receuës de
la bouche du grand Moyse.
L'homme estant composé
de deux parties dont l'vne
est visible, & l'autre ne l'est
pas, est obligé de les soumet-
tre à l'Empire de Dieu, dont
il releue tout entier,& de luy
offrir des marques exterieu-
res de son interieure deuo-
tion ; c'est à quoy prirent
garde aussi bien les Institu-

teurs des fauſſes que des vrayes Religions , leſquels voyant que les hommes ne pouuoient pas auoir vn commerce materiel auec vn eſprit infiniment pur & ſimple, ont eſté naturellement inſpirez de conuerſer auec luy par les prieres, & d'entrer, s'il faut ainſi dire , en communauté auec luy par des ſacrifices , c'eſt à ce deſſein qu'on a baſty des Temples & des Autels, & que les Preſtres ont eſté inſtituéz pour eſtre les mediateurs entre les hommes & la Diuinité.

L'exiſtence de Dieu eſt le principe & la fin de toute Religion, en vain feroit-on tout

ce que nous venons de dire,
s'il n'y auoit quelque souueraine intelligence qui eut des
oreilles pour écouter, & de
la bonté pour accorder nos
demandes ; les idolatres ne
laissoient pas de rendre vn
culte veritable à des estres
imaginaires, & la superstition
parmy eux alloit quelque-
fois plus auant, que la pieté
parmy beaucoup de Chre-
stiens , mais la pluralité de
Dieux, qui fut introduite aux
siecles passez, supposoit tous-
jours cette generale creance
qu'il y en doit auoir vn ; ces
aueugles en faisoient de tout
ce qui leur pouuoit nuire ou
profiter, & n'auoient point

d'autres regles dans leurs Apotheoses que celles de la crainte & de l'esperance. Les Egyptiens n'adorerent pas mieux le Nil dont ils auoüoient tenir la fertilité de leurs terres, que les Crocodiles qui les deuoroient & les autres bestes venimeuses & malfaisantes. C'est ainsi que par eux le Ciel fut remply de Monstres aussi bien que des Heros qui les auoiét domtez, De ces braues qui auoient deliuré les peuples de l'oppression des Tyrans, ou de ces adroits qui les auoient instruits dans la Politique & dans la Morale, qui leur auoient appris quelque art, ou decouuert quelque myſtere de la nature.

Heſiode faiſant la Genealogie des Dieux, auoit raiſon de dire que l'amour en eſtoit le Pere. Cette paſſion eſt extrememement feconde, & ſans doute on luy peut rapporter l'origine de l'idolatrie. Vn Pere paſſionné pour ſon Fils, vn Amant pour ſa Maiſtreſſe, ne manquoient iamais d'employer les Peintres & les Sculpteurs pour multiplier en quelque façon des perſonnes qui leur eſtoiẽt ſi cheres : De ſorte que venant à les perdre de veuë par la mort ou par l'eſloignement, ils attachoient leurs

defirs & leurs regards fur ces
agreables reprefentations, &
dans l'habitude qu'ils prenoient de les confiderer comme les chofes qu'ils affection-
noient le plus, à la perfuafion
de ce grand amour, ils leur
efleuoient des Autels, leur
ordonnoient des Preftres, &
cherchoient enfin la confo-
lation de leur perte dans les
honneurs diuins qu'ils leur
auoient attribuez. La com-
plaifáce obligeoit leurs amis,
& le deuoir leurs domefti-
ques à fuiure leur exemple,
ils parloient à ces fourds, fe
profternoient deuant ces
aueugles, & rémoignoient

beaucoup de tendreſſe à ces
inſenſibles. Le Diable, qui
fait profit de tout pour la
perte des hommes, ne ſe
trouuant pas aſſez perſuaſif
pour les ietter dans l'Atheiſ-
me, les plongea dans vne
erreur directement oppoſée,
il creut que ne pouuant pas
étouffer les ſentimens que
Dieu leur a imprimez de ſon
exiſtence, il les falloit corrompre, & multiplier vne
choſe qu'il ne pouuoit pas
aneantir : Il leur donna donc
le change, fit ſortir de mauuais grain d'vne bonne ſe-
mence, & de faux brillans
d'vne vraye lumiere.

B vj

CHAPITRE IIII.

De la Religion Chrestienne.

TOus ceux qui viuent hors de l'Eglise font des songes en veillant & resuent sans estre malades; car comme la raison estant vne fois depossedée de son thrône, durant cét interregne, la fantaisie entre insolemment en la place de sa souueraine, elle nous en fait accroire, & nous represéte des Chimeres presque de la mesme sorte que la raison nous represente les Veritez : ainsi les personnes qui ne rendent pas au vray

Dieu le culte que nous luy
deuons, ou qui le luy rendent
dans vne creance, & auec
des ceremonies contraires
à celles de l'Eglise, n'ont autre guide que leur imagination qui les engage dans des
absurditez prodigieuses. Ie
ne veux pas icy m'enfoncer
dans des preuues de nostre
foy, puis que ie n'ay pas affaire à des Gentils, & que les
plus libertins sont contrains
d'auoüer, que s'il y eut iamais de Religiõ raisonnable,
la nostre seule merite de porter ce nom, elle a pris le sié du
souuerain Legislateur Iesus-
Christ, qui dás la loy de grace, a mis au iour les mysteres

qui eſtoient cachez dans la loy de Moyſe ; Et c'eſt de là qu'on peut tirer vne marque infaillible de ſon excellence , puis qu'on y voit ſi clairement accomplir les Propheties qui auoient eſté annoncées ſi long-temps auant ſon inſtitution. Elle eſt ſi pure qu'elle ne peut pas ſeulement ſouffrir aux hommes la penſée des vices que les Payens approuuoient dãs leurs Diuinitez ; elle les deffend tous , commande ou conſeille toutes les vertus, propoſe pour ceux là vn chaſtiment eternel, & pour celles-cy vne recompenſe qui n'aura point de fin.

Les autres attaquoient mo-
lement le peché , elles se
contentoient de le diffamer
& de luy dire des injures;
mais la nostre va chercher
cét ennemy iusques dans ses
retranchemens, elle l'empes-
che mesme autant qu'elle
peut de naistre, & l'estouffe
bien souuent dans le ventre
de sa mere , la deffense de
conuoiter n'estoit point dans
la loy des douze Tables : Il
n'y a que Dieu qui penetre le
fonds de nos cœurs , ny par
consequent qui ait droit de
nous deffendre l'injustice de
nos pensées.   Si les autres
Religions ne faisoient pas
bonne guerre au vice, elles

establissoient mal la vertu: elles en parloient à la verité en des termes fort aduantageux, elles luy donnoient tous les charmes capables d'attirer les honnestes gens, mais c'estoit prendre vne autre pour elle, que de la vouloir recompenser dans les Apotheoses de ces ambitieux qui acqueroient le nom de Heros auec autant d'injustice que le bien de leurs voisins, de ces ennemis de la societé humaine, qui n'auoient qu'vne vertu brutale & sanguinaire. La lumiere de l'Euangile, a descouuert les impostures du Diable, elle nous enseigne à connoistre les ve-

ritables objects de noftre recherche, & à difcerner la
vraye magnanimité d'auec
la fauffe ; elle canonife la
Sainéteté en quelque âge,
fexe, ou condition qu'elle fe
rencontre, elle fait bien plus
d'eftat de ces innocentes vi-
ctoires que nous rempor-
tons fur nous mefmes, que
de celles des conquerans, qui
n'afpiroient à viure dans le
fouuenir des hommes que
par leur deftruction, & qui ne
penfoient pas monter au Ciel
glorieufement, que pardeffus
les corps de leurs ennemis:
Le Chreftien s'en propofe
des degrez bien differens, il
pardonne, il s'humilie , il

souffre les injures & les outrages, il ne declare la guerre
qu'à l'injustice, & n'a point
d'autres ennemis, que les ennemis de son Dieu.

La Police de l'Eglise, l'in-
stitution des Sacremens par
où Dieu nous communique
ses faueurs, le nombre infiny des miracles passez & pre-
sens, la hauteur du S. Sacrifice de l'Eucharistie la mettent hors de toute sorte de
parallele ; Si l'on iette les
yeux sur le destail des parties
de ce beau tout, leurs diuer-
ses qualitez font vn si agreable meslange, qu'on ne sçait
surquoy arrester plus long-
temps son admiration, la pu-

reté des Vierges, la conſtance des Martyrs, la ſainᶜteté
des Confeſſeurs, la ſcience
des Docteurs, l'auſterité des
Hermites & des Anacoretes
la rendent également digne
de l'Eſpoux ſacré qui conduit ſon Eſpouſe auec tant de
iuſteſſe, & de ce Roy iudicieux qui gouuerne ſi ſage-
ment vne Monarchie ſi flo-
riſſante.

Mais certes de toutes les
raiſons, celle-là me ſemble
la plus conuaincante, que
Dieu pour l'eſtablir ſe ſoit
ſeruy de moyens tous con-
traires à la prudence humaine, qu'eſtant né de bas lieu,
ayant mené vne vie fort

pauure, & l'ayant finie sur
vne Croix, pour annoncer
les veritez de l'Euangile aussi
difficiles à croire que ses có-
seils à executer, il ait choisi
des personnes de tres-vile
condition; lesquelles sans armes ont vaincû, & sans lettres ont persuadé tout lemõ-
de. Les autres Religions
n'ont rien de pareil, bien
qu'elles fussent plus populai-
res, & plus amies des sens
que la Chrestienne, elles
ont eu besoin de l'éloquen-
ce pour se faire croire, & de
la force pour s'estendre.

Il ne suffit donc pas d'aimer
& de craindre Dieu dans le
fonds de son cœur, il en faut

rendre tefmoignage au de-
hors , pourueu que ce foit
fans oftentation , & pluftoft
pour donner bon exemple
au prochain que pour en receuoir de l'eftime. C'eft ainfi que noftre Sauueur l'enfeigne à fes Apoftres , dont il
veut que les bonnes œuures
foient expofées à la veuë des
hommes : Et bien qu'il femble en certains paffages des
fainctes Efcritures qu'il ne
fe foucie pas beaucoup de
Temples ny de Sacrifices:
qu'il fe contente de la chaleur de nos volontez, & de
la pureté de nos confciences,
Il eft neantmoins tres-affeu-
ré qu'ayant autrefois pris

plaisir à la fumée de l'Encens
que luy offroit son peuple, &
du sang qu'il répandoit sur
ses Autels, il en prend incomparablement d'auantage à
celuy que nous luy presen-
tons chaque iour, & dont la
sanglante effusion fut faite
vne fois sur le Mont de Cal-
uaire.

CAAPITRE V.

De la Creation en general.

C'A esté icy l'écueil contre lequel ont brisé les
plus grands esprits de l'Vniuers, ça esté le labirinthe où

ils se sont perdus, & le filet
du raisonnement n'a seruy
qu'à les embarasser d'auantage. Comme les voyageurs
estant vne fois égarez de leur
chemin, s'en essoignent à
chaque pas qu'ils font : Les
Philosophes anciens estans
hors de celuy de la verité,
n'ayant qu'vne raison aueu-
gle pour guide, n'auoient
garde d'y entrer, non plus
que de tirer de bonnes
consequences, parce que
tout leur discours estoit appuyé sur de fausses maxi-
mes. Ils croyoient que de
rien il ne se pouuoit rien faire, & qu'vne chose estant
vne fois faite ne pouuoit pas

retourner dans le neant : De
forte qu'ayant affez de lumiere pour connoiftre que
le monde ne s'eftoit pas produit luy mefme, & n'en ayāt
pas affez pour conceuoir
qu'il l'euft efté de rien, ils
tomboient dans des erreurs
fi enormes, & des opinions
fi extrauagātes qu'elles font
aujourd'huy les fujets de noftre moquerie & de noftre
compaffion, tout enfemble
le caos d'Hefiode, les ato-
mes de Democrite, les petits
corps d'Epicure & tant d'autres impertinences ne trouueront iamais d'Approba-
teurs dans la clarté du fiecle
ou nous viuons.

Ariftote

Aristote a voulu que le monde fut eternel, aussi bien que Dieu, & que l'enfant fut aussi vieux que le pere: Il reconnoit vn premier moteur & vn principe de toutes choses comme auoit fait son maistre, ils en parlent tous deux en des termes tres-auantageux ; mais ils n'ont pas des sentimens plus raisonnables que les autres touchant la matiere premiere. Nous qui sommes instruits en vne meilleure école que n'estoient ny l'Academie ny le Lycée, nous reconnoissons la toute puissance de Dieu dans la creation, c'est à dire dans la production du

C

môde sans le concours d'aucun sujet ou matiere precedente, c'est en quoy elle est
differente des generations
naturelles où les formes sont
extraites de la puissance de
la matiere, c'est ainsi que le
feu engendre le feu , mais
c'est dans le bois ou dans
quelque autre chose qui en
est susceptible. La Creation
est sans doute l'effect d'vne
force infinie, d'autant que la
distance du neant à l'estre,
est infinie aussi, & que du finy
à l'infiny il n'y a point de
proportion suiuant le cõmun
axiome: Tellement que tirer
vne chose du neát ou reduire
par apres cette mesme chose

au neant, font des actions qui furpaſſent toutes les vertus limitées , quelques grandes qu'elles puiſſent eſtre.

Le monde, a donc eſté creé de rien , & quoy qu'il ſoit parlé dans la Geneſe des tenebres, qui couuroient la face de l'abiſme , toutefois il ſe faut bien garder de conceuoir quelque matiere precedente,à cauſe qu'on en pourroit touſiours faire la meſme queſtion que du monde ſi l'on accorde qu'elle a eſté tirée du neant , pourquoy le monde ne le ſera-il pas auſſi bien qu'elle ? ſi on dit qu'elle a eſté tirée de quelque autre ſujet precedent , il ſe fera vn progrez à l'infiny dans le genre des cauſes, ce qui eſt impoſſible ; de dire qu'elle ſoit incrée, cela ne ſe peut, d'autant que c'eſt vn attribut eſſentiel qui diſtingue Dieu de la creature. Cette matiere donc precedente n'eſt qu'vne Chimere que noſtre imagination ſe forme lors qu'elle ne peut atteindre aux difficultez de la creation.

Puis que le monde a eſté creé, il faut rechercher la cauſe de ce grand effect, il eſt impoſſible que ce ſoit luy meſme, autrement il eut eſté auant que d'eſtre, à cauſe de l'action qui luy euſt donné l'eſtre, lequel par conſequent

il eut eu auant que de le donner, ce qui eſt tres-abſurde:
Il faut donc que ce ſoit vn
autre agent d'vne condition
plus eminente qui n'ait eu
beſoin ny d'outils ny de materiaux pour baſtir ce grand
edifice de la nature. C'eſt
vne verité qui ſe rend manifeſte par la conſideration que
le monde n'eſt pas eternel:
Car s'il a eu commencement
il le doit tenir d'vne cauſe
qui n'en ait point, autrement
on demanderoit le meſme
que de la matiere premiere.
Outre la ſainĕte Eſcriture
qui eſt la reigle infaillible de
noſtre creance, il y a des raiſons morales tres perſuaſiues

pour monftrer que le mond
a eu fon enfance auffi bien
que nous, & qu'il eft à prefent en fa vieilleffe. C'a efté
l'opinion de tous les anciens
qui eftoient prefque nez
auec luy , & qui tenoient par
tradition ce commencemét,
qui depuis s'eft rendu obfcur
par l'ignorance ou par la malice des Hiftoriens profanes;
nous fçauons le nom prefque
de tous les fódateurs des vil-
les & des eftats, des inuéteurs
des arts & des fciences. Lu-
crece demande auec raifon à
ceux qui le croyoiét eternel,
pourquoy il ne s'eftoit pas
trouué des Poëtes qui euffent
compofé des vers plus vieux

que la guerre de Thebes ou
de Troye. Que si les arts,
& les sciences ont eu commencement, il s'ensuit que
le monde en ait aussi, ou bien
on seroit contrainct de dire
que les hommes auroient
vescu dans vne brutale stupi-
dité non pas des siecles entiers, mais durant toute l'e-
ternité qui se seroit escoulée
auant les exercices du corps
ou de l'esprit. Que s'ils s'e-
stoient passez de ceux-là qui
ne leur seruent que d'orne-
ment, se seroient-ils aussi
passez du labourage & de
tant d'autres mestiers neces-
cessaires à leur subsistance?
Toutefois l'antiquité nous

asseure qu'ils ont commencé
auec quelques - vns de ces
Dieux qui en auoient esté les
inuenteurs. La decouuerte
qui se fait tous les iours des
terres, des mers, & des isles
nouuelles., n'est pas vne
petite preuue de ce que nous
disons. Certes si les hommes
estoient de toute eternité ils
eussent bien eu loisir de par-
courir tout le monde qui
n'est qu'vn point en comparaison de cette durée infinie,
de l'habiter & de le peupler
en toutes ses parties : Lesquelles sans doute ne seroiét
pas suffisantes de les contenir, si leurs generations n'a-
uoient iamais eu de com-

mencement , puis que dans
six mille ans ils se sont si fort
multipliez ; le remarquable
dechet de leur taille & de
leur force, dont les anciens
se sont plaints aussi bien que
nous, persuade fort le commencement de leur race, car
estant finis en leur substance,
ils ne sçauroient auoir decreu
de toute eternité, puis qu'ils
restent encore.

CHAPITRE VI.

De la Creation de l'homme.

LA Creation fut com-
mencée par le plus no-

ble des accidens corporels,
qui est la lumiere, & finie par
la plus noble des substances
corporelles, qui est l'homme
c'est dans ce Microcosime,
que Dieu voulut racourcir
toute l'estenduë de ses merueilles, & se tirer luy mesme
en petit volume, apres s'estre
tiré en grand dans le reste de
l'vniuers, apres auoir formé
ces belles voûtes qui rou-
lent continuellement sur nos
testes, apres les auoir enri-
chies des flãbeaux du iour &
de la nuict, apres auoir remply ce grand espace qu'il y a
d'elles à nous de cét element
delié que les animaux respi-
rent, & par où les oyseaux

font leurs voyages ; apres auoir suspendu la terre au milieu, & l'auoir appuyée sur son propre poids, apres luy auoir donné la vertu de produire tant de fleurs & de fruicts, pour estre la nourrice generale de ses habitans, apres y auoir creusé la couche de la mer & remply l'vne & l'autre de bestes & de poissons, l'homme, qui auoit esté le premier dans l'intention fut le dernier dans l'execu-tió, afin qu'il n'ouurist pas si tost les yeux qu'il ne les jettast sur toutes ces beautez qui venoient d'estre faites pour son vsage & pour son diuer-tissement, & que les premiers

mouuemens de son ame fus-
sent des mouuemens d'ad-
miration enuers son Crea-
teur, d'amour & de respect
enuers son Pere, & de grati-
tude enuers son bien-fa-
cteur.

On ne sçauroit mieux iu-
ger de l'excellence d'vn ouurage que par celle de l'ou-
urier; Adam estant sorty immediatement des mains de
Dieu ne fut pas seulement le
premier des hommes par
droict d'aisnesse, mais encore par l'auantage de ses perfections. Son corps auoit la
taille, la force, & la beauté
que la flaterie des Pœtes at-
tribuë aux Heros & aux

Demidieux , fon ame eftoit doüée de toutes les graces dont elle eftoit capable, fon entendemét éclairé des plus hautes lumieres propofoit le vray bien à la volonté qui brufloit d'vne fainɮe ardeur de le poffeder , l'experience n'auoit pas encore fait le magazin de fa memoire, mais il eftoit imbu d'vne fi parfaite connoiffance des chofes du monde, qu'il donna mefme à tous les animaux des noms conuenables à leur efpece , il penetroit iufqu'aux vertus les plus occultes des fimples; la caufe du flux & reflux de l'ocean , les fimpathies & les myfteres de la nature que

nous appellons secrets, ne
l'estoient pas pour luy, & s'il
nous eut transmis cette innocence originelle qui le rendoit si sçauant, on ne cher-
cheroit pas encore auec tant
d'auidité & si peu d'auance-
ment la pierre imaginaire de
cét art qui veut entreprendre
sur les operations du Soleil,
& renfermer dans des creu-
sets la puissance de ce grand
Astre.   Enfin il ne pouuoit
auoir aucun vice ny aucun
deffaut, puis qu'il procedoit
de la source de la perfection
& de la iustice sans l'entremise de quelque autre cause
efficiente, qui luy eut peu
communiquer ses imperfe-

ctions & ses foiblesses , &
nous auons raison de croire
qu'il n'aura iamais son egal
dans sa posterité, Il n'est pas
besoin d'en excepter Iesus-
Christ, d'autant que ce chef
d'œuure ne souffre point de
comparaison.

Dieu pouuoit sans doute
entretenir le monde par d'autres voyes que par celles de
la generation , il pouuoit
creer à la fois ou successiue-
ment, & de temps en temps
les animaux qu'elle substituë
en la place les vns des autres,
mais il se voulut communiquer dauantage & faire part
aux creatures sensibles de la
plus noble des operations

naturelles. Pour ce deſſein il
les crea de ſexes differens, &
leur donna cette merueilleu-
ſe vertu de ſe perpetuer en
depit de la mort par la production de leurs ſemblables,
à quoy il attacha les plus
puiſſantes amorces de la vo-
lupté, afin qu'elle ſurmontaſt
la honte que des hommes
pourroient auoir de cette
action, & portaſt les beſtes à
vne fin qu'elles ne connoiſſent pas.

Les actions de Dieu, en ce
qui concerne l'homme ſont
autant de myſteres & de le-
çons ; il luy voulut donner
vne compagne d'vne façon
extraordinaire & toute diffe-

rente de celle qu'il pratiqua
dans les autres eſpeces, dont
il crea le maſle & la femelle à
la fois & ſans qu'ils contri-
buaſſent rien à la production
l'vn de l'autre; mais il prit
vne coſte d'Adam tandis
qu'il dormoit, dequoy il mit
au iour cette belle perſonne,
dont les charmes luy furent
ſi funeſtes, de ſorte que pas
vn d'eux ne fut creé, â le
prendre dans ſa plus eſtroite
ſignification, d'autant que la
terre concourut à la production de l'homme, & qu'vne
de ſes coſtes ſeruit de matiere pour celle de la femme,
afin que ſe reſſouuenant de
leur origine l'vn fit reflexiõ,

sur sa bassesse, & l'autre sur
sa dependãce, l'Escriture appelle la femme vn secours à
l'homme qui luy ressemble,
heureux l'vn & l'autre d'a-
uoir eu non seulement vn
Dieu pour pere, mais encore
pour autheur de leur societé;
il les espousa, leur disant de
croistre & de multiplier, &
toute la nature seruoit de
tesmoin à vn acte si solemnel
qui representoit le mariage
de Iesus-Christ auec l'Eglise,
laquelle sortit de son costé
ouuert en l'arbre de la Croix
apres sa mort, comme Eue
sortit de celuy de son espoux
durant le sommëil qui en est
la figure. La mesme raison

qui nous oblige de croire
qu'Adam eut toutes les perfections imaginables sur son
sexe, nous persuade qu'Eue
en eut autant sur le sien, &
qu'à la reserue de l'incompa-
rable Mere du Redempteur,
il n'y eut iamais rien de si
parfait ny de si rauissant.

CHAPITRE VII.

*Pourquoy, Dieu a creé le
monde & s'il le pouuoit
creer de toute eternité.*

O Homme qui t'a rendu
si vain de vouloir entrer
dans le cabinet de ton Createur? contente toy de la basse
cour de peur de receuoir af-

front à la porte, n'approche
pas de ce buisson ardant si tu
n'en veux estre consumé, il
n'appartient qu'à des Moyses
& à des sainct Pauls, de soustenir l'esclat & la maiesté
des choses que l'œil n'a point
veuë & que l'oreille n'a
point ouyë.   Mais quoy? tu
ne t'arreste point, & ta curiosité te semble innocente
lors que tu demandes quel a
esté le motif qui a porté Dieu
à faire le monde, apres la re-
uolution de l'eternité precedente? & que peut-on res-
pondre, sinon qu'il luy a pleu
de la sorte: il ne peut auoir
d'autre fin que luy mesme,
parce qu'il n'y a rien de plus

excellent que luy , & tout ce
qu'on peut dire là - deſſus,
c'eſt que ſa bonté trauailla
pour ſa gloire. Il eſtoit parfaitement heureux par les infinis auantages de ſon eſſence, il s'occupoit neceſſairement aux ineffables productions de la Trinité, qui eſt le
ſeul employ proportionné à
ſa toute puiſſance , il n'auoit
nul beſoin du monde dont il
ſe pouuoit auſſi bien paſſer
apres qu'auant ſa creation,&
peut-eſtre ne la-il voulu produire que dans le temps pour
nous rendre cette verité
plus manifeſté. Vn vieillard
eſt bien plus reſpecté de ſes
enfans qu'vn ieune homme

qui les voit en peu d'années
aussi grands que luy le traiter
plustost de frere & de com-
pagnon que de pere, & de
superieur; il semble que le
grand aage que Dieu a par-
dessus le monde, & qui le fait
appeller l'ancien des iours
luy donne plus d'authorité,
& que sa vieillesse le rende
plus venerable. Il voulut
donc librement, & dans le
temps produire au dehors
des choses qui luy fussent
inferieures, comme il produit necessairement, & de
toute eternité au dedans celles qui luy sont egales, & par
cette opposition mettre en e-
uidēce les tresors de sa gran-

deur & de sa charité.

Les curieux n'en demeu-
rent pas là ; ils veulent encore sçauoir s'il pouuoit créer
le monde de toute eternité.
Les opinions sont differentes. Les vns le nient absolument, les autres l'accordent,
il y en a qui se logent entre
deux, & qui pensent que le
monde ait esté possible de
toute eternité quant aux e-
stres qu'ils appellent perma-
nens, mais non pas quant à
ceux qu'ils appellent succes-
sifs, c'est à dire le temps &
le mouuement composez de
parties qui coulent les vnes
apres les autres, & ne se rencontrent iamais à la fois. Il

n'y a qu'vn peu d'imagination qui leur face peine : car,
difent-ils, fi les cieux auoiét
roulé eternellement, il faudroit que le temps & le mouuement fuffent eternels, ce
qui ne fe peut, d'autant que
leurs parties ne le fçauroient
eftre : le paffé, le prefent &
l'auenir ne vont iamais de
compagnie, & les deux derniers font toufiours deuan-
cez par le premier ; ce qui eft
contre la nature des chofes
eternelles, qui ne peuuent
eftre precedées de quoy que
ce foit, autrement elles ne
feroient pas eternelles, puis
qu'elles n'auroient pas efté
auffi-toft que les chofes qui
les

les auroit precedées. Ce rai-
fonnement eſt plus ſubtil que
ſolide , & ne conuainc pas
tant qu'il embaraſſe ; il ne
faut pas conceuoir les choſes
d'eternelle durée, cóme celles qui ſont à preſent , le téps
& le mouuemét ont des parties les vnes deuant les autres à les prendre ſeparémét,
mais tout enſemble elles
n'ont rien qui les precede,
s'ils euſſent eſté eternels, il
ſeroit impoſſible d'aſſigner
vn iour qui n'euſt eu toute
l'eternité au deſſus de luy, &
c'eſt pourquoy ie ne doute
nullement que Dieu n'ait peu
faire le monde de toute eternité, puis qu'il eſt impoſſible

de s'imaginer vn temps auquel il ait eu les mains liées,
s'il faut ainſi parler, & que
c'eſt auoir peu faire le monde de toute eternité, que de
n'auoir iamais eſté impuiſ-
ſant pour le faire.

TRAITE' SECOND.

L'Empire de Dieu par le titre de la conſeruation.

CHAPITRE PREMIER.

De la conſeruation.

TOVT ainſi que les choſes créees ont eu neceſſairement beſoin de la toute puiſſance de Dieu pour ſortir de l'abiſme du neant, elles l'ont auſſi

pour n'y pas rȇtomber ; Et
s'il trauailloit auec effort, il
n'en feroit pas moins dans la
conferuatió de l'vniuers qu'il
en eut fait dans fa production, de forte qu'elles n'ont
d'autre differencc que celle
de l'eftenduë, & la conferuation dont nous parlons n'eft
autre chofe qu'vne creation
continuée, car nous ne la
prenons pas icy pour le foin,
& la deffenfe d'vne chofe que
nous tafchons de garantir
des injures du temps, de la
fureur des animaux, & de
l'outrage des hommes : mais
nous entendons parler de
cette conferuation, par laquelle encore qu'on ne foit

pas touſiours à couuert des incommoditez de la vie, on la continuë, & les choſes inſenſibles durent dans l'eſtre qu'elles ont receu de la meſme main qui les conſerue.

La raiſon en eſt manifeſte, d'autant qu'il n'y a que Dieu qui ſubſiſte de ſoy meſme par la neceſſité & par l'independance de ſon eſtre, & que les creatures tiennent le leur comme vn bien-fait de ſa toute-puiſſance. Toute la maſſe de la terre demeure ſuſpenduë en l'air ſans pencher d'vn coſté ny d'autre, parce que toutes ſes parties tendent égalemét au milieu qui eſt leur centre, & qui at-

tire à foy les chofes pefantes;
Or comme il eft impoffible
que la moindre d'elles fe
puiffe efleuer ou fe fouftenir
en l'air que par vne puiffance eftrangere, il faut s'imaginer auffi que toutes les creatures tendent au neant comme à leur centre ; & qu'elles
ne fe fçauroient efleuer à la
hauteur de l'eftre ny fe fouftenir non plus dans cette
éleuation par leur propre
vertu ; & comme apres auoir
leué de terre quelque chofe de pefant, nous fommes
obligez à la fouftenir touf-
jours fi nous ne voulons pas
qu'elle y retombe, de mefme
la bonté de Dieu s'eft volon-

tairement obligée à continuer ſes appuys aux creatures, autrement elles auroient
ceſſé d'eſtre auſſi-toſt que
commencé , & le premier
inſtant de leur exiſtence euſt
eſté ſecondé par celuy de
leur aneantiſſement. L'A-
poſtre nous l'exprime bien
quand il dit, que Dieu porte
toutes choſes par le verbe de
ſa vertu, & que c'eſt en luy
que nous receuons l'eſtre, la
vie, & le mouuement.

Les creatures ne ſont rien
d'elles meſmes , tellement
qu'apres auoir eſté miſes au
iour, elles ont ſans doute beſoin d'y eſtre maintenuës,
parce que la premiere pro-
D iiij

duction n'a seruy qu'à les
oster du neant , & qu'elles
n'en ont pas receu assez de
force pour se tenir fermes
dans l'estre qui leur est acci-
dentaire & contingent ; elle
a changé leur conditiõ , mais
non pas leur nature. Quand
le premier homme eut vne
fois respiré le iour , il ne fut
pas plus capable de s'en con-
seruer l'vsage qu'il auoit esté
de se le donner , & le Soleil
fut bien moins necessaire
pour le continuer à ses regards , que Dieu , pour le
maintenir en estat d'en receuoir la iouyssance.   Si la
conseruation est vne creation continuée , nous deuons

employer les mesmes raisons
pour l'vne que pour l'autre,
il est également impossible
de se continuer l'estre, & de
se le communiquer: La con-
tradiction y est parfaitement
semblable , car vne chose,
qui de soy n'est point, estant
vne fois par vne force estrangere ne sçauroit subsister par
la sienne propre, autrement
cette force estrangere eust
esté superfluë, & si vne creature subsistoit d'elle mesme,
elle subsisteroit auant qu'elle
ne subsistast, de la mesme façon que si elle se creoit elle
mesme , elle seroit auant
qu'elle ne fust : Si Adam
apres auoir esté creé par la
D v

toute-puiſſance de Dieu dans le premier inſtant de ſon eſtre, l'euſt porté dans le ſecond par ſes propres forces eſtant abandonné de celles de ſon autheur, il euſt fait autant que luy, & par conſequent il ſe fut produit dans le ſecond inſtant comme Dieu l'auoit produit dans le premier. Il ne ſeroit pas moins merueilleux qu'vn caillou ſe ſouſtint en l'air, que s'il y eſtoit monté de luy meſme; ou que la chaleur & la lumiere duraſſent touſiours ſans Soleil & ſans feu, que ſi elles auoient commencé ſans nulle de ces cauſes ou autres capables de les produire.

Les personnes qui ne se-
roient pas accouſtumées aux
abſtractions & aux ſubtilitez
de la Metaphyſique, pour-
roient s'imaginer qu'il ſuffit
que Dieu ait vne fois donné
le premier eſtre aux creatures, qu'apres les auoir aſſor-
ties de puiſſances, de qualitez & les auoir fournies d'en-
tretiens neceſſaires à leur
ſubſiſtance, elles ſe peuuent
conſeruer elles meſmes chacune dans les lieux qui leur
ſont propres. On pourroit
dire qu'il ſuffit aux animaux
de trouuer ſur la terre & aux
poiſſons dans l'eau des alimens conuenables à leur eſpece, & que les choſes ina-

nimées, ayant vne fois receu
l'eſtre, n'ont beſoin de rien
pour le garder, mais à prendre le mot de conſeruation
exactement & à la rigueur
comme nous l'auons pris, ce
n'eſt pas aſſez aux animaux
que de la nourriture & du
ſommeil, d'autant que la vie
qui ſe continuë par la reparation de ces deux choſes, eſt
vne action qui preſupoſe l'eſtre, duquel nous entendons
parler, & lequel ne ſçauroit
durer, ſi Dieu venoit à ſuſ-
pendre tant ſoit peu cette
action par laquelle il nous tire inceſſamment du non
eſtre, & bien qu'il ſoit dit
dans la Geneſe, que Dieu ſe

repofa le feptiefme iour, il ne le faut pas entendre fi exactement qu'on ne donne lieu à la conferuation, par laquelle il fait encore à prefent ce qu'il fit au commencement du monde.

C'eft en quoy principale-
ment, éclate l'Empire de Dieu fur toutes les creatures, en ce qu'elles ne dependent pas feulement de luy comme de la caufe efficiente & premiere de leur production à laquelle contribuent ordinairement beaucoup de caufes fecondes, mais auffi qu'elles en dependent fans ceffe, & qu'elles ne s'en peuuent iamais paffer, non pas

mefme lors qu'elles n'ont plus befoin des autres. Vn enfant ne met que certain nombre d'années à fe deliurer du befoin qu'il a de fes parens, le pouffin en peu de temps mefprife les foins de fa mere, dont il eft pareillement abandonné, mais l'vn ny l'autre ne fçauroit fubfifter fans la continuelle conferuation du Createur qui femble leur communiquer à chaque moment vne petite portion de fon exiftence.

De forte que le monde eft tellement fuiet à Dieu, que par la feule fouftraction de fon appuy, il le peut remettre quand bon luy femblera,

dans l'eſtat duquel il l'a oſté.
Le foudre eſt vn arme superfluë pour punir les meſchans,
il n'eſt point neceſſaire qu'il
faſſe des efforts pour ruiner
la beauté des cieux pour ecli-
pſer la lumiere des aſtres,
pour confondre les elemens
& ietter la nature dans le de-
ſordre ; pour deſtruire ce
grand edifice il n'eſt pas obligé d'en ſapper les fondemés,
d'en eſbranler les colomnes,
ou d'en abbatre le feſte,il n'à
qu'à s'abſtenir d'y trauailler
& de n'y faire plus rien afin
de le deffaire.

L'authorité du Prince eſt
abſoluë ſur les ſubjects, il les
eſleue iuſqu'au plus haut de-

gré de la gloire & du bon-
heur, & les precipite, quand
il luy plaist, dans l'abiſme de
la miſere & de la confuſion,
il diſpoſe à ſon gré de leurs
vies & de leurs fortunes,
mais outre qu'il eſt tenu d'en
rendre conte à Dieu qui les
luy a commis & graué ſur
ſon viſage les caracteres de
ſa majeſté, il ne les ſçauroit
deſtruire qu'en agiſſant, encore n'eſt-il pas touſiours le
plus fort, & nous ne voyons
que trop ſouuent la rebellion
triomphante & la iuſte authorité meſpriſée, mais Dieu
ne court point ce hazard, &
les impies qui luy ont voulu
faire la guerre, ont ceſſé d'a-

bord qu'il a ceſſé de le per-
mettre, & qu'il a repris les
forces qu'il leur auoit données : Si les tyrans auoient eu
ce priuilege de deffaire les
hommes par la ſeule ſuſpen-
ſion de leurs graces & de
leurs faueurs, leurs cruautez
euſſent deſerté l'vniuers, ſans
laſſer les bourreaux & ſans
inuenter tant de ſortes de
gehennes & de tortures.

CHAPITRE II.

Du concours de Dieu.

SI les perſonnes materie-
les & qui reglent toute
leur connoiſſance à la portée

des sens, ont peine à conceuoir que les creatures estant
vne fois produites ayent encore besoin de l'estre continuellement, ces mesmes personnes en ont bien d'auantage à se persuader que les
creatures soient incapables
d'exercer toutes seules leurs
actiuitez, & que dans leurs
moindres employs, outre les
dispositions requises, elles
ayent necessairement besoin
du concours actuel de Dieu,
que le feu par exemple ne
puisse pas brusler de la pou-
dre à canon seiche & bien située, sans que Dieu luy pre-
ste son assistance, & qu'il n'a-
juste son action auec celle de

cét element : mais les personnes spirituelles & qui ont
les plus haut sentimens de la
Diuinité, tombent d'accord
qu'en qualité de cause premiere elle doit concourir
auec les secondes en toutes
leurs operations.

La raison est, que si les causes secondes pouuoient agir
d'elles-mesmes, leurs effects
en dependroient seulement,
& l'on pourroit dire qu'il y
auroit quelque chose qui dãs
le moment de sa naissance ne
dependroit pas immediate-
ment de Dieu en qualité de
cause premiere, ce qui ne se
peut sans choquer sa majesté
& cét empire absolu, qui est

le ſuiet de noſtre diſcours,
car bien qu'il s'en rendiſt le
Seigneur par la conſeruation
tant de l'effect que de la cauſe, neantmoins ſi elle le pro-
duiſoit toute ſeule, elle auroit occaſion de ſe vanter
qu'elle en eſtoit la maiſtreſſe
dans le premier inſtant qu'elle luy communiqueroit ſon
eſtre ſans le ſecours de Dieu.

Les Philoſophes diſent
communement que le Soleil,
en qualité de cauſe vniuer-
ſelle, produit toute ſorte d'effets auec toute ſorte de cauſes particulieres, & qu'eſtant
la ſource de la chaleur, qui
eſt vn accident abſolument
neceſſaire aux generations,

il ne s'en fait point où ce grãd luminaire ne la contribuë, le Soleil, difent-ils, produit vn lyon auec vn lyon, vn homme auec vn homme: A combien plus forte raifon dirons nous qu'il ne fe peut rien faire dans le monde fans l'actiõ imme diate de cette, caufe tres-vniuerfelle, fans qui le Soleil mefme feroit impuiffant & toute la nature fterile. Ce n'eft pas feulement dans les actions qui laiffent des marques apres elles par la production des effects, que le concours de Dieu eft neceffaire, mais encore dans celles qui ne produifent rien, comme dans les mouuemẽs,

qui ne font que changer de
lieu & de posture, je ne sçau-
rois remuer simplement les
mains non plus qu'escrire à
present ces lignes, si Dieu
n'auoit assez de bonté pour
temperer sa toute puissance
& l'accommoder à ma foi-
blesse.

Il y a encore vne raison
subtile & scolastique pour
monstrer cette verité. Il faut
considerer deux choses dans
chaque effet, à sçauoir l'espece & l'indiuidu. La cause
premiere qui a donné la nature & la puissance d'agir à
la seconde, daigne tellement
se ioindre à son operation,
qu'il semble qu'elle en pren-

ne la loy pour ce qui regarde l’espece, à quoy elle est determinée ; comme elle la luy donne pour ce qui regarde l’indiuidu, à quoy elle est indifferente. Dieu concourt auec l’homme à la generation d’vn autre homme, mais que ce soit plustost à celle de Iean que de Pierre, ii depend purement de sa volonté, & de sa determination, & non de celle de l’homme, qui ne sçait pas auquel il doit communiquer son existence. Il estoit aussi indifferent à nostre premier Pere, d’engendrer plustost Abel que Caïn, & mesme si cela eust dependu de luy, il y a de l’apparence qu'il euft pluftoft choifi l'vn que l'autre, mais il agiffoit aueuglement pour ce regard, auffi bien que les autres Peres, qui n'auroient garde de mettre au monde des ingrats dont ils reçoiuent tant de deplaifir s'ils en auoient la connoiffance. Le concours de Dieu eft donc neceffaire pour determiner la creature à vn tel effet en nombre pluftoft qu'à vn autre, puis qu'il n'importe quel foit le terme de fon action, pourueu qu'il foit conforme à fa nature.

Comme Dieu, pour deftruire les creatures n'auroit qu'à fufpendre l'exercice de cette

cette bonté qui les conſerue,
auſſi pour arreſter leurs deſſeins, & empeſcher leurs a-
ctions, il n'auroit qu'à refuſer la ſienne, ſans laquelle
elles n'ont pas tout ce qui
leur faut pour meriter le
nom de cauſes ſecondes.
Ainſi croit-on que les beſtes
& les flâmes qui ſembloient
auoir du reſpect pour les
Martyrs, n'agiſſoient pas cõ-
tre eux, d'autant qu'elles
n'eſtoient pas ſecondées du
ſecours de ce grand maiſtre,
qui vouloit quelquefois eſ-
pargner la conſtance de ſes
bons ſeruiteurs, cõme quelquefois il l'abandonnoit à la
cruauté des hommes, des

bestes & des elemens. Ouy
Dieu prestoit son assistance
aux tyrans pour commander
& aux bourreaux pour exe-
cuter tout ce que les demons
suggeroient contre ces innocentes victimes; il ne la refu-
sa pas mesme â ces malheureux qui firent tant d'outrage à la sacrée humanité de
son fils;il semble qu'il le bat-
toit de verges auec eux, qu'il
secondoit leurs efforts quád
ils enfonçoient les espines
dans sa teste, les cloux dans
ses pieds & dans ses mains,
tous les iours il aide aux
meurtriers & aux assassins,
& ne se monstre pas moins
secourable à celuy qui allon-

ge vne eſtocade dans le ſein
de ſon ennemy , qu'à celuy
qui donne l'aumoſne. Ce
n'eſt pas que de là on puiſſe
inferer qu'il participe à la
honte qui naiſt des mauuaiſes actions, nous les com-
mettons tous ſeuls en tant
qu'elles portent ce titre,
d'autant que la deformité
du pechè n'eſt pas vne choſe
phyſique qui les termine,
c'en eſt vne morale qui vient
de la tranſgreſſion des commandemens de ce Souue-
rain, laquelle ne doit eſtre
imputée qu'aux ſubjects qui
ſont naturellement obligez
de les obſeruer.

CHAPITRE III.

De la prouidence de Dieu en general.

Quelques anciens Phi-
losophes, apres auoir
donne leur creance à la raison & au general consentement des hommes touchant
l'existence de la Diuinité,
l'ont refusée à sa prouidence;
ils n'ont pas voulu qu'elle
prist soin des affaires du monde de peur de troubler son
repos, & mesurant ses forces
à leur foiblesse, ils ont estimé
que si elle venoit à s'entre-

mesler de noftre conduite, elle feroit capable d'empref-fement & de laffitude. Epi-cure fut de ce plaifant aduis, il ne pouuoit comprendre que le trauail fe rencontraft auec la felicité , laquelle il conftituoit dans vne fainean-tife auffi ridicule que les pe-tits corps dont il difoit que le monde auoit efté compo-fé par vn coup de hazard & par vne rencontre fortuite. Quelques-vns mefme ofte-rent à Dieu la preuoyance des chofes à venir pour gar-der à l'homme fon franc ar-bitre, afin que celuy-cy re-ftaft libre, ils vouloient que celuy-là fuft ignorant , &

E iij

pour auoir des fentimens
auantageux à leur efpece, ils
en auoient de tres-injurieux
à celuy qui l'auoit faite.

Ciceron tout fpirituel &
iudicieux qu'il eftoit, tomba
dans cette erreur, & ne peut
iamais accorder l'vn auec
l'autre, il fe trouue encore
aujourd'huy des efprits
broüillons qui ne pouuant ou
n'ofant nier la preuoyance
Diuine, tafchent de deftruire
leur propre liberté. Ils difent qu'à la verité toutes chofes font prefentes à Dieu, &
que rien n'efchappe à la pe-
netration de fa veuë, mais ils
veulent auffi qu'elle impofe
vne fatale neceffité de fuiure

les ordres qu'elle establit dãs les affaires du monde, dont les euenemens doiuent estre absolument conformes à sa connoissance.   C'est sans doute vne des plus embaras-santes & des plus epineuses difficultez de l'Ecole, mais puis qu'il y a des raisons con-uaincantes pour la liberté, il ne faut iamais abandonner son party, quelques fauora-bles apparences qu'il y ait pour le contraire : car enfin la preuoyance de Dieu qui n'est telle qu'à nostre esgard ne change point la nature des effets ny des causes, & comme elle ne rend point libres celles qui sont necesfaires ; elle ne rend non plus neceſſaires, celles qui ſont libres; le feu agiroit de la meſme façon qu'il agiſt, quand meſme Dieu ne l'auroit pas preueu, s'il eſtoit poſſible, & par conſequent l'homme auſſi, lequel ne reçoit pas plus de neceſſité pour eſtre veu dans ſes actions, qu'il en donne aux autres agens dans les leurs. Il eſt donc tres aſſeuré que Dieu a vne preſcience ou pour mieux dire ſcience de toutes choſes, & qu'elles arriuent infailliblemēt, mais non pas neceſſairemēt comme il les a preueuës. Il eſtoit tres-aſſeuré qu'il arriueroit que ſainct Pierre renieroit son Maiſtre, apres qu'il le luy eut annoncé, mais non pas d'vne neceſſité qui tombaſt ſur ſon franc arbitre, autre-ment il n'euſt pas peché, & n'euſt pas eu raiſon de verſer tant de l'armes ny d'en auoir vne ſi ſenſible repentance. Tant s'en faut donc que la prediction de Ieſus-Chriſt cauſaſt le reniement de cét Apoſtre, que le reniement de cét Apoſtre cauſa la pre-diction de Ieſus Chriſt. Et bien que la prediction ait deuancé le reniement, tou-tefois en qualité d'objet il a eſté auſſi-toſt qu'elle, puis que toutes choſes ſont pre-ſentes à la claire & diſtincte connoiſſance de Dieu.

Que s'il preuoit toutes
choſes il y pourroit auſſi ; il
ne les conſerue pas ſeulemét
dans l'eſtre , mais encore dás
le bien eſtre , il les fournit de
tous leurs beſoins par les ſe-
cretes & merueilleuſes voyes
de ſa prouidence, laquelle re-
luit d'autant plus dans la conduite & dans l'œconomie
des irraiſonnables , qu'elles
ont beſoin d'vn guide clair-
uoyant qui les adreſſe & qui
les porte vers les fins qui leur
ſont conuenables. Il ſemble
que les hommes peuuent
auec la lumiere de la raiſon
connoiſtre , & acquerir par
la force de leur induſtrie, ce

qui eſt neceſſaire au ſouſtien
de leur vie & à la bien ſeance
de leur condition , mais qui a
inſpiré aux abeilles le deſſein
de baſtir leurs celules , d'y
faire vne reſerue du ſuc des
fleurs pour en compoſer le
miel , qui leur a enſeigné les
maximes d'Eſtat,& les regle-
mens de la Monarchie? quel
maiſtre a rendu les fourmis ſi
menageres & ſi pouruoyan-
tes, que la ſainɛte Eſcriture
leur enuoye les faineants afin
qu'ils profitent de leur exemple ? qui a dit à l'hirondelle
que la boüe, & la paille doiuent eſtre au printemps l'ob-
ieɛt de ſa recherche, & que
ce ſont les materiaux qu'elle

doit employer pour baſtir vn
logement à ſes petits, qui ne
ſont encore qu'en germe dãs
les œufs, & qui ſont vne partie de ſa ſubſtance ? quand elle garniſt le dedans de plumes & d'autres choſes mol-
les , iuge-elle point qu'elles
ſont propres à ſouſtenir leur
delicateſſe ? ne va-elle point
iuſques à la crainte de les
bleſſer ? eſt-ce qu'elle a le
meſme deſſein qu'auroit vne
nourrice pour ſon enfant,
lors qu'elle l'enuelope dans
des langes bien chauds & de-
liez ?

De grace, puis que cét
exemple m'eſt venu dans la
penſée, examinons - le ſoi-

gneufemēt en toutes fes cir-
conftances, & que la couftu-
me de voir tous les ans vn
oyfeau faire fa maifon dans
les noftres ne diminuë point
l'eftonnement que nous deuons auoir de fon induftrie.
Il y a vne infinité de merueilles dans la nature aufquelles
nous ne prenons plus garde
à force de les auoir confide-
rées, & que nous ne voyons
plus à force de les auoir euës
deuant les yeux ; mais elles
ne font pas moins difficiles
pour eftre plus ordinaires, &
moins furprenantes : fi Dieu
reffufcitoit tous les iours des
mort & faifoit le refte des miracles qu'il a faits, ils n'en fe-

roient pas pour cela moins
grands, puis qu'ils seroient
tousiours au dessus des forces de la nature, & qu'ils par-
tiroient egalement de sa toute puissance.

Reuenons à l'hyrondelle.
Apres qu'elle a passé l'hyuer
dans vn climat plus temperé
que le nostre, elle y retourne
auec l'agreable saison qui en
chasse le froid le plus mortel
de ses ennemis; elle n'est pas
si-tost arriuée qu'elle songe
à trouuer vne cōpagne pour
s'appareiller, les amoureuses
recherches qui precedent
leur accouplement, la mu-
tuelle connoissance qu'elles
ont l'vne de l'autre parmy

vne si egale conformité de
taille & de plumage, & sur
tout la sincere vnion qui les
joint, embarasseroiét vneplu-
me meilleure que la mienne.
N'est-ce pas vne chose estrã-
ge, que des oyseaux trouuent
en eux des marques qui nous
sont imperceptibles, & que
dans la foy qu'ils se gardent
sans la connoistre, ils fassent
honte aux hommes qui la
violent auiourd'huy auec
tant d'abus, encore qu'ils ne
puissent pas ignorer qu'ils
mesprisent les loix du ciel &
de la terre?

Les voila donc en menage
& comme s'ils auoient vne
distincte connoissance de l'a-

uenir ils commencent à trauailler pour leur posterité, ils
ne se mettent point en peine
de luy amasser des biens superflus ny de faire de la reserue, ils songent seulement
à dresser vn berceau à leur
petite famille pendant sa nu-
dité, & comme s ils auoient
appris l'Architecture des
hommes auec lesquels ils logent, & conuersent ordinai-
remét, ils imitent les maçons,
ils se chargent de mortier, &
font seruir leur bec de hote,
& de truelle : la paille entre
dans leur fabrique comme
s'ils iugeoient qu'elle doit
seruir de lien à la boüe, laquelle autrement venant à se

desseicher, creueroit, & par
consequent les mettroit au
hazard de voir leur edifice
pluftoft demoly qu'acheué.

Si le dehors eft rude pour
refifter aux inuafions des ennemis, le dedans eft doux,
c'eft vn lict propre à receuoir
les œufs,& retenir la chaleur
qui les doit eclorre: cette pa-
tiéce qu'ils ont à les couuer,
l'intelligence & la punctua-
lité qu'ils gardent à fe rele-
uer alternatiuement l'vn l'autre d'vne occupation oifiue,
& contraire à leur humeur
legere & remuante, font des
remarques tout à fait mer-
ueilleufes, la façon dont les
petits brifent eux mefmes

leur priſon & ſortent de la
coque, l'eſt encore d'auantage : apres qu'ils ont veu le
iour, ils ſont eſleuez auec des
ſoins & des aſſiduitez pro-
portionnées à leur aage, car
comme ſi les peres auoient
vne parfaite connoiſſance de
leurs beſoins, ils meſurent la
bechée qu'ils leur portent à
l'ouuerture de la gorge qui la
reçoit, & à la force de l'eſto-
mach qui la digere, ils ha-
ſtent leurs voyages, preſſent
leurs allées, & leurs venuës,
ſuiuant que leurs petits croiſ-
ſent & que pour ſe fortifier,
ils ont plus ſouuent beſoin de
nourriture, il y a trop de plaiſir de les voir deſia grands &

fournis de plumes sur le bord
du nid dans le dessein de l'a-
bandonner, les essays qu'ils
font de leurs forces auant
que de se hazarder, & de fier
leur vie à cét element, dans
lequel ils la doiuent chercher, marquent en eux plus
de prudence que nostre ieu-
nesse n'en tesmoigne dans
ses impetuositez ; les peres
leur font faire de petites
courses, & les entretiennent
tousiours, iusqu'à ce que la
force de voler & de faire la
guerre aux mousches, les en
dispense, les soins de ceux-là
durent autant que les neces-
sitez de ceux-cy, & la nature
qui ne sçait rien faire de su-

perflu , diſſout le mariage ou il
le continue pour auoir des
enfans d'vne ſeconde cou-
uée apres que ceux de la premiere ont eſté pourueus , &
qu'ils ont aſſez d'experience
pour ſe paſſer de l'aſſiſtance
d'autruy.

Si la conduite des oyſeaux,
ſi la politique des abeilles , ſi
l'œconomie des fourmis ſont
des choſes rauiſſantes , & ſi
elles forcent les plus impies
à vne ſecrete reconnoiſſance
de la ſouueraine ſageſſe, que
doit faire la conſideration
des animaux , & des moyens
qu'ils employét pour ſe conſeruer & pour ſe garantir des
incommoditez de la vie?

n'eſt-ce pas vn trait viſible
de la prouidence de Dieu
que les beſtes farouches ſoiét
ſi peu fecondes, & qu'elles
habitent l'horreur & la ſoli-
titude des deſerts ? que les
domeſtiques au contraire
multiplient ſi abondamment,
qu'elles facent de leurs generations la meilleure partie
de nos reuenus, qu'elles nous
fourniſſent les neceſſitez &
les delices du manger & de
la couuerture. Il ne ſe trouue qu'en quelques endroits
des aigles & des lyons, mais
il ſe trouue par tout des bre-
bis & des poules ; il n'y a des
crocodiles que dans le nil,
mais dans toutes nos riuieres

il y a du poiſſon ſi plaiſant au
gouſt, que dans le luxe des
feſtins il ſuſpend nos appe-
tits auſſi bien que la chair, &
nous auons beſoin de noſtre
liberté pour faire election
entre les preſens de l'eau &
de la terre.

La prouidence Diuine ſe
fait donc remarquer principalement dans la conduite
des animaux irraiſonnables,
leſquels d'eux-meſmes ne
s'auiſeroient iamais de ten-
dre à des fins qu'ils ne connoiſſent non plus que les
voyes qu'ils prennent pour
cela. Quelques-vns ſans faire plus grande reflexion la
deſſus ſe contentent de croi-

re, & de dire que c'eſt vn inſtinct naturel qui les fait agir
auec tant de regularité, toutefois ie m'aſſeure qu'on les
mettroit bien en peine ſi on
leur demandoit l'explication
de cét inſtinct que tout le
monde allegue & que per-
ſonne n'entend bien, ſi on ne
le rapporte à cét œil qui ne
dort iamais, & à cette main
qui trauaille touſiours ſans
ſe laſſer, autrement on ſeroit
contrainct d'auoüer que les
beſtes agiſſent auec autant
de prudence que les hom-
mes, puis qu'elles les imitent tres-heureuſement, ou
meſmes les ſurpaſſent en
quelques-vnes de leurs operations.

Mais comme toutes les merueilles de la puissance de Dieu sont recueillies dans l'homme, celles de sa prouidence le sont aussi, comme nous allons voir dans le chapitre suiuant.

CHAPITRE IIII.

De la prouidence de Dieu enuers l'homme.

SI l'homme est le plus excellent de tous les animaux, il est le plus necessiteux, s'il les surmonte dans la partie superieure de l'ame, il leur cede dans l'inferieure

ferieure,& prefque dans tous
les auantages du corps. Au
moment qu'il fait son entrée
dans le monde, il n'y a rien
de si foible ny de si depour-
ueu que luy, sa vie est entre-
coupée d'autant de morts
qu'il souffre de deplaisirs, il
n'a que du regret pour le passé, du degoust pour le present, de la crainte pour l'auenir; les irraisonnables ne con-
noissent rien de tout cela,
ils naissent tous vestus ou
apportent du ventre de la
mere de quoy se couurir,
leurs habits croissent auec
eux, & s'ils s'en depoüillent
quelquefois, ce n'est que
pour en reprendre de plus

F

beaux & de plus commodes,
ils trouuent aifement leur
nourriture par tout, la terre
leur donne auec profufion ce
qu'elle nous vend bien cher,
& refufe mefme fouuent à
nos trauaux ce qu'elle pro-
ftituë à leur negligence ; enfin elle exerce enuers eux
les tendreffes d'vne mere,
& enuers nous les cruautez
d'vne maraftre. De forte que
la prouidence de Dieu n'eft
iamais plus hautement ny
ny plus dignement occupée
que lors qu'elle daigne pour-
uoir à nos befoins qu'il a voulu eftre fi preffans & en fi
grand nombre , afin de nous
obliger à recourir à fa bonté;

Sans doute il aime trop son
image pour l'abandonner, à
moins que de l'auoir esté pre-
mierement & de s'y voir contraint par un excez de malice
& d'incredulité. Il est tres-
certain que l'amour du pere
enuers ses enfans, est infiniment au dessous de celle que
nous porte ce pere vniuersel
de la nature. Le sainct Euangile pour bien exprimer le
soin particulier qu'il en a,
nous asseure qu'il tient mesme conte de nos cheueux,
& qu'il n'en tombe pas vn de
nos testes sans son aueu. Le
Souuerain Maistre, voulant
persuader cette verité à ses
Disciples, & la parfaite con-

fiance qu'ils y doiuent auoir,
leur propose l'exemple des
oyseaux qui ne sement ny ne
moissonnent, & qui neant-
moins ne manquent de quoy
que ce soit, & par vne tres-
iuste consequence leur monstre qu'estant incomparablement au dessus des oyseaux
ils doiuent attendre du ciel
des soins proportionnez à
leur condition & à leur merite.

Dieu qui trouue ses delices
à demeurer auec les enfans
des hommes les considere à
ce point que non contant d'a-
uoir tousiours les yeux ou-
uers sur eux, bien que sa garde ne fut que trop suffisante,

il s'eſt encore voulu ſeruir de
celle des Anges, enfin d'entretenir ce bel ordre qu'il a
eſtably dans l'vniuers, que
les choſes inferieures de-
pendiſſent des ſuperieures
ſans interruption, & que
toutes ſes parties tinſſent les
vnes aux autres par vne chai-
gne d'obligation & de reconnoiſſance. Il a donc com-
mis ces bien heureuſes creatures à noſtre conduite, &
parce que les choſes qui regardent noſtre ſalut ſont les
plus importantes, c'eſt pour
çelleslà principalemḗt qu'elles nous ont eſté données; elles eclairent toutes nos a-
ctions, elles obſeruent tou-

tes nos demarches, ces fidel-
les conseillers ne cessent de
nous inspirer de bons mouuemens, ne pouuant pas for-
cer nostre franc arbitre, ils le
sollicitent doucement, & luy
proposent la vertu sous vn si
beau visage, qu'elle ne man-
queroit iamais d'egager nostre volonté dans la recherche, si la corruption de nostre nature, & les pernicieux
conseils des demons ne l'en
destournoient.

Ces genereux defenseurs
de nos interests épousent nos
querelles contre ces cruels
ennemis qui n'ayant perdu
que les auantages de la grace
leur sont esgaux en ceux de

la nature, ils font encore plus
ardants pour noftre falut que
les autres pour noftre perte,
ils leur liurent de rudes com-
bats & font bien fouuent aux
prifes pendant que nous
iouyffons de la paix qu'ils
nous ont procurée. Dieu qui
a voulu que la vie de l'homme fuft vne guerre conti-
nuelle en ce monde, & que
le Paradis ne fuft emporté
que d'affaut, a permis cette
oppofition pour nous exercer, & pour nous obliger à
nous tenir fur nos gardes
fans nous endormir trop cõ-
fidemment fur celle de nos
amis. La gloire eft fille de la
difficulté, il ne s'en trouue-

F iiij

roit pas beaucoup à faire le
bien ſi nous n'eſtions iamais
conſeillez de faire le mal.
Ha ! ſi nous reſpondions à
l'ardeur & à la fidelité de ces
braues ſeconds qu'il nous ſeroit aiſé de deſarmer nos aduerſaires & de leur faire perdre l'enuie de nous attaquer,
mais laſches que nous ſommes nous nous rendons le
plus ſouuent ſans combatre,
nous prenons meſme party
chez nos ennemis par vne
trahiſon ſtupide, & tournons
nos armes contre nous &
contre ceux qui les auoient
priſes pour noſtre defenſe.

Outre ces mouuemens in-
terieurs que nous experimē-

rons fouuent en nous mef-
mes, & que nous pouuons
rapporter à ces efprits inte-
reffez pour noftre bien, les
fainﬅes lettres nous ont for-
mellement inftruits dans le
vieux & dans le nouueau Te-
ﬅament du foin qu'ils auoiét
de nos perfonnes, l'exemple
de Tobie dans celuy-là eﬅ
autentique, & dans celuy-cy
noftre feigneur aduertit fes
Apoftres de ne pas mefprifer
les petits enfans, d'autant que
leurs Anges voyent la face
de fon pere, que fi les particuliers ont eﬅé mis fous leur
proteﬅion, il y a de l'apparence que les eﬅats & les
communautez le font auffi,

F v

& que leurs gardiens font
d'vn ordre d'autant plus re-
leué que le bien public eft
plus confiderable que le particulier: ils font tous leurs efforts pour leur conferuation
& pour leur gloire, pourueu
que celle de leur maiftre n'y
foit point choquée, & que les
peuples ne fe rendent pas in-
dignes de leurs bien faits ; ils
s'oppoferoient fans doute
aux inuafions des ennemis,
ils purifieroient l'air & le ga-
rantiroient du venin de la pe-
fte, ils en chafferoient les
mauuaifes qualitez qui cor-
rompent les fruits de la terre, enfin chacun d'eux feroit
regner la paix & l'abondance.

dans l'eſtenduë de ſon gou-
uernement, ſi les hommes
n'attiroient ſur eux le cour-
roux du ciel, & ne contrai-
gnoient ces eſprits bien fai-
ſans de les abandonner à ſa
vengeance.

TRAITE TROISIESME.

L'Empire de Dieu par le titre de la Redemption.

CHAPITRE PREMIER.

De l'Incarnation du verbe.

SI iamais l'amour & la misericorde ont fait voir iusqu'où leur force & leur industrie pouuoient aller, ç'a esté tres-asseurement dans le moyen

que Dieu a voulu choifir
pour rachepter les hommes;
c'eſt dans l'ineffable myſtere
de l'Incarnation du Verbe
qu'a paru cette charité inge-
nieuſe qui a ſi eſtroitement
vny deux choſes infiniment
eſloignées, & fait vn ſi beau
tout de deux parties ſi differentes, c'eſt elle qui obligea
la ſeconde perſonne de la
Trinité à ſe reueſtir d'vn
corps pour le ſalut de nos
ames, à s'auilir pour nous
glorifier, & pour tout dire
auec ſainɛt Auguſtin, à ſe faire homme pour nous faire
des Dieux. L'homme par le
peché auoit tourné le dos à
Dieu, & le viſage à la creatu-

re ; il semble que Dieu se ioignit à elle, afin que l'homme fut empesché de courir à sa perte, & qu'il le rencontrast mesme dans le dessein qu'il auoit de s'en esloigner.

Si vn pere qui auroit plusieurs enfans, & qui les aimeroit proportionnemét à leur merite, vouloit que celuy qui en possederoit le moins mourut pour sauuer la vie à quelque meschant esclaue qui l'auroit offensé, il tesmoigneroit sans doute vne affection extraordinaire à ce criminel : mais celuy qui en feroit autant d'vn fils vnique extremement accomply, & qui mesme luy fut esgal en

dignité, iroit bien plus auant
que l'autre, & donneroit de
plus fortes marques de l'a-
mour qu'il auroit pour son
esclaue. Dieu a tellement
aimé le monde, dit sainct
Iean, qu'il luy a donné son
fils vnique, apres cela il n'en
faut plus douter, & quicon-
que luy en demanderoit vne
plus grande preuue, luy demanderoit quelque chose au
delà de sa puissance. Il ne
suffisoit pas à ce souuerain
bien de s'estre communiqué
naturellement aux creatures
dans la production du monde, ny d'éleuer encore surna-
turellement au bon-heur de
sa iouyssance, celles qui en

sont capables ; il restoit vne
troisiesme façon de se communiquer beaucoup plus excellente que les autres deux,
qui est d'espouser leur nature, & d'appuyer leurs foiblesses sur la subsistance d'vn
Dieu ; l'homme fut choisi
pour ce dessein comme estãt
le lien de tous les estres, c'est
par son moyen que les autres
ont en quelque façon participé à la gloire de l'vnion
hypostatique dont sa nature
a esté particulierement ho-
norée.

La iustice de Dieu n'éclate
pas moins dans l'Incarnation
que sa misericorde, elles y
obseruent toutes deux vn si

iuſte temperament, qu'elle
n'eſt pas plus l'ouurage de
l'vn que de l'autre.   Dieu
auoit toutes les raiſons imaginables de perdre l'homme
ſoudain apres ſa deſobeïſſan-
ce, ſa lâcheté & ſon ingrati-
tude eſtoient extremes, les
auantages qu'il auoit receus
d'vn createur ſi liberal en-
troient dans l'enormité de ſa
faute, & la perfection de ſon
entendement augmentoit la
malice de ſa volõté. Toute la
nature s'intereſſant dans la
querelle de ſon autheur ſem-
bloit luy demander raiſon
pour luy meſmè, elle ſollici-
toit contre le pecheur, &
vouloit que Dieu, en luy fai-

fant fon procez, n'efcoutaft que fa feuerité : il le pouuoit tres affeurement fans luy faite aucun tort, & les peines de l'enfer n'eftoient pas affez rigoureufes pour expier fon crime : mais la mifericorde interceda pour luy, elle reprefenta fa foibleffe, la fourberie de Satan, & toutes les chofes qui peuuent excufer vn coupable ; la iuftice ne vouloit point relafcher de fes droiêts ny confentir au pardon à moins que d'vne fatisfaction proportionnce à fon offenfe : enfin la fageffe pour les acorder toutes deux trouua ce merueilleux expedient de prendre noftre chair, afin

qu'en vne mefme perfonne il
fe trouuaft vn homme qui
peut mourir & vn Dieu qui
peuft fatisfaire. Il fut donc
refolu dans le facré confeil
de la Trinité que la feconde
perfonne fe reueftiroit de noftre nature, pour fe rendre
vifible aux homm s & apres
leur auoir fait durant fa vie
vne continuelle leçon de la
vertu, leur donner par fa
mort les moyens de la pratiquer fi auantageufement,
qu'ils peuffent deuenir parti-
cipans de fa gloire, de mefme qu'elle l'auoit efté de leur
mifere.

Mais il falloit vn Temple
pour loger ce grand Preftre,

il faloit vn Palais digne d'vn
si puissant Monarque: la troisiesme personne qui est l'a-
mour des deux esgalement
interessée dans l'ouurage de
nostre salut, choisit à ce dessein la plus parfaite des creatures qui eussent esté iusqu'à
lors ; ce fut Marie la bien-
heureuse entre les femmes,
cette colombe fut toute blā-
che & toute innocente, pour
ce qu'elle deuoit apporter le
rameau de paix, & de recon-
ciliation; cette lune qui deuoit enfanter vn Soleil fut
sans tache , ie n'en excepte
pas mesme l'originelle, car
il y a trop d'apparence, qu'elle eust par fauenr, ce que son

fils eut par nature. L'Ange qui luy fut enuoyé de
Dieu pour l'informer de l'al-
liance qu'il faifoit auec nous
par fon entremife, difpofa
fon cœur à receuoir le fainct
Efprit, lequel apres s'y eftre
logé, logea le Verbe dans fes
entrailles. Là il prit du plus
pur fang de cette Vierge encore tout émeu du trouble où
l'auoit laiffée la nouuelle de
fa Conception; il en forma le
corps adorable de noftre Sauueur, lequel eftant pourueu
d'vne ame hors de toute
comparaifon, quant auxdons
furnaturels, fut au mefme in-
ftant vny à la perfonne de la
fageffe increée, d'où refulta
cét ineffable compofé Iefus

Chriſt vray Dieu, & vray
homme, & chef d'œuure
des merueilles, & pour qui
toutes les autres ont eſté faites. C'eſt l'aiſné des creatures dans l'eternité du deſſein,
bien qu'il en ait eſté comme
le cadet dans le temps de l'e-
xecution, c'eſt ce Meſſie que
non ſeulement les ſainċts
Prophetes, mais encore les
profanes auoient annoncé
en des termes ſi clairs, que
ſon arriuée n'a point ſurpris
les fideles qui entendoient
les eſcritures, & ne ſçauroit
eſtre côteſtée que par les impies. O homme reconnoy
ta dignité, & ne t'abaiſſe plus
aux ordures de la terre, puis
qu'on t'a eſleué iuſqu'à ce

ce qu'il y a de plus haut & de
plus pur dans le ciel. Sou-
uiens-toy qu'on t'a fait vn
honneur qui a donné de l'enuie aux mauuais Anges , &
qui donneroit de la ialousie
aux bons, s'ils en estoient capables.

CHAPITRE II.

Pourquoy la seconde per-
sonne s'incarna plustost
que les deux autres, &
si elle se fust incarnee en-
core que l'homme n'eust
pas peché.

SAinct Augustin parlant
du mystere de l'Incarna-

tion, dit fort bien que toute
la raison de ce qui s'y passe
n'est autre que la volonté de
son Autheur, qu'il ne seroit
pas admirable si nous le com-
prenions, ni singulier s'il s'en
pouuoit donner quelque
exemple. Il est tres-asseuré
que Dieu auoit d'autres
moyens pour reparer les bré-
ches que le peché auoit faites
à nostre nature, confondre
l'orgüeil de nostre ennemy
& ruiner l'empire de la mort
qu'il auoit malicieusement
introduite dans le monde:
les tresors de sa sagesse, & de
son pouuoir sont infinis, &
par consequent inépuisables;
mais il choisit dans l'Incarnation

nation de son fils le plus propre & le plus conuenable ; il
pouuoit guarir nos maux par
d'autres remedes , mais celuy-cy estoit le plus present,
le plus naturel, & le plus có-
mode.   Comme la seconde
personne se fit chair tres-vo-
lontairement, & par vn excez d'amour, qui est ennemy
iuré de la contrainte, les autres deux en pouuoient sans
doute faire autant, leur liberté est egale aussi bien que le
reste de leurs attributs qui
sont l'essence mesme de la
Diuinité, le pouuoir de se faire homme n'est pas plus atta-
ché à vne qu'à l'autre de ces
incommunicables relations

G

qui les diftinguent ; la bonté & la mifericorde eftant
les mefmes en toutes trois, il
n'y en a point qui ne fut capable du deffein de deuenir
mortel fur terre pour nous
rendre immortels dans le
ciel ; mais fi Dieu eft merueilleux dans les plus petits
ouurages de la nature, combien le doit-il eftre dans les
plus importans de la grace?
s'il obferue tant de iufteffe,
& tant de regularité en ceux-
là, il n'y a pas d'apparence
qu'il les oublie en ceux-cy?

Ce fut donc la conuenan-
ce pluftoft que la neceffité,
qui obligea le Verbe à fe faire chair, afin que le monde

fuſt reſtably de la façon la
plus approchante de celle
dont il auoit eſté formé. Dieu,
cét excellent architecte, a-
uant que de baſtir ce vaſte
edifice, en auoit ietté le plan
dans l'eternité de ſa conception, qui n'eſt autre choſe
que le Verbe; n'eſtoit-il pas
donc à propos de le reparer
par le meſme Verbe apres
qu'il fut tombé en ruine par
le peché? pouuoit-on retou-
cher ce tableau ſans regarder
cette premiere idée, & ne fal-
loit-il pas auoir recours à l'o-
riginal pour en reformer la
copie?

Sainct Thomas dit que le
Verbe a vn rapport particu-

lier auec l'homme, en ce
qu'il fuſt ſi auantageuſement
partagé entre les animaux
que d'auoir eſté fait capable
de raiſonnement, & de ſa-
geſſe, auant la venuë de Ieſus-Chriſt, il n'en y auoit
point de parfaite, celle de Sa-
lomon ſe rendit enfin aux
attraits de la concupiſcence;
les Payens n'en eurent preſ-
que que de fauſſe & de ba-
ſtarde, leurs Philoſophes les
plus renommez eſtoient des
malades fanfarons qui vouloient faire paſſer leur enfleu-
re pour embonpoint, & les
maiſtres qui enſeignoient la
vertu mettoient plus de peine à la deſcrire qu'à la prati-

quer. Il estoit donc expedient que la sagesse increée se
rendist sensible aux hom-
mes, qu'elle conuersast auec
eux, afin de les instruire non
seulement par ses preceptes,
mais encore par ses actions,
& par ses deportemens , &
que cette source eternelle,
auparauant si profonde que
personne n'y pouuoit puiser,
vint à fleur de terre pour la
commodité de tout le mon-
de. Vne curiosité desordon-
née auoit perdu l'homme, il
estoit à propos que ce souue-
uerain Docteur , qui est la
science mesme de Dieu, vint
regler ses desirs, & luy monstrer les iustes objects de sa

recherchee, & de sa connoissance.

Mais, certes de tous les rap-
ports, & de toutes les bien-
seances que les Theologiens
remarquent dans l'Incarnation du Verbe, il n'y en a
point de plus formelle ny de
plus persuasiue, que celle qui
se tire de la qualité de fils de
Dieu, c'est de luy que deuoit
naistre le bon-heur des pre-
destinez qui ne peuuent rien
pretendre à l'heritage celeste
qu'en cette mesme qualité;
leur condition naturelle les
en excluoit; c'estoit donc à ce
fils vnique d'obliger son Pere
à les adopter, & leur accorder par faueur ce que la nais-

fance leur auoit defnié. Cét
heritier fe voyoit affez riche
pour tous les hommes , il
auoit trop de bonté pour
vouloir iouyr luy feul de fi
grandes poffeffions,il leur en
daigna faire part, mais vne
part fi auantageufe , qu'elle
fut femblable à la fienne,
puis qu'il a voulu qu'ils fuffent appellez fes freres, fes
compagnons, & fes coheri-
tiers.

On ne doute pas que le
Verbe n'euft peu s'incarner,
encore qu'Adam euft perfe-
ueré dans l'innocence, mais
les curieux demandent s'il fe
fuft effectiuement incarné,
fans la perte que celuy-là fift

d'vne chofe fi precieufe. l'Ef-
cole eft diuifée fur ce point,
comme prefque fur tous les
autres où la foy luy laiffe la
liberté de fes raifonnemens,
ceux qui tiennent le party af-
firmatif ont de belles, & fub-
tiles raifons pour s'en faire
accroire , ils difent qu'il n'y
a pas d'apparence de rapporter vn fi bon effet à vne fi
mauuaife caufe que le peché;
que Iefus - Chrift eftant le
premier des predeftinez a-
uoit auffi efté le premier dans
les eternelles idées de fon
pere , que l'homme eftoit
fans doute auffi capable & en
quelque façon plus digne de
l'vnion hypoftatique auant

qu'apres fa cheute , &
qu'enfin Dieu fe fuft touf-
jours communiqué aux creatures de cette fa,on puis
qu'elle eftoit la plus excellente. L'Incarnation, difent-
ils, a bien d'autres caufes que
la Redemption, & par con-
fequent elle n'euft pas ceffé
d'eftre encore que nous n'en
euffions pas eu befoin. Quelle apparence qu'vn moindre
bien ait donné occafion à vn
plus grand?

Ces armes font belles, &
luifantes, mais elles font foibles & de mauuaife trempe:
Ie trouue bien plus folide, &
mieux raifonnée l'opiniõ de
S. Thomas, qui tient que le

Verbe ne se fust point fait
chair, si elle n'eust eu besoin
de reparation, & que le re-
mede supose tousiours la maladie. Les effets, dit-il, qui
n'ont autre cause que la volonté de Dieu, ne peuuent
venir à nostre connoissance
que par l'entremise des sainctes lettres : Or nous trou-
uons constamment en tous
les passages qui parlent de ce
mystere, qu'il n'a point d'autre motif que l'offense de
l'homme, ce qui a donné sujet à l'Eglise de l'appeller
heureuse pour auoir merité
vn tel & vn si grand Redempteur.

CHAPITRE III.

De la naissance, vie, & mort de Iesus-Christ.

L'Acouchement de Marie ne fit non plus de breche à sa virginité que sa Conception, L'Épouse est vn iardin clos où le bouton du Lys sacré conserue sa fraischeur dés le matin iusqu'au soir ; cette mesme toute puissance qui pour mettre vn Dieu dans les flancs d'vne Vierge, n'auoit pas gardé les loix de la nature, ne les garda non plus pour en oster vn

homme, dont le commen-
cement, le progrez & la fin
deuoient estre esgalement
extraordinaires, & celuy
qui deuoit vn iour entrer dãs
la chambre des Apostres les
portes fermées, pouuoit bien
sortir du ventre de sa mere
auec la mesme facilité. C'a
esté le secret du Pere celeste,
enuoyant son Fils sur la terre
de mesler dans toutes les cir-
constances de sa vie, la hauteur & la bassesse, la gloire &
le mespris auec vn si iuste
temperament qu'il peust passer dans l'esprit des plus in-
credules pour tout ce qu'il
estoit, & que si ses merueilles le faisoient prendre pour

vn Dieu, toutes nos foibleffes, hors celle du peché & de
l'ignorance, le fiffent prendre pour vn homme.

Le voila donc au monde,
celuy pour qui le mõde auoit
eflé fait, & par qui le monde
deuoit eftre rachepté, à le
voir dans vne creche enuelo-
pé dans de mauuais langes, &
vifité par des Bergers, on le
prendroit pour vn enfant de
bas lieu; mais auffi la mufique des Anges & la vifite des
Rois, qui vindrent en fuite
apporter leurs couronnes à
fes pieds, tefmoignent bien
qu'il eft de bonne maifon, il
eft circoncis comme s'il euft
efté fuiet à la loy; mais dans

cette figure du Baptefme il reçoit vn nom qui l'en exempte ; il y auoit defia plus de neuf mois que l'Ange Gabriel auoit efté comme fon parrain & l'auoit appellé d'vn nom qui l'emporte fur tous les autres, qui oblige non feulement au refpect les puiffances du ciel & de la terre, mais qui donne encore de la terreur à celles des enfers. Eftát petit garçon l'Efcriture remarque qu'il eftoit obeyffant à fon pere & à fa mere, mais auffi elle en fait vn Docteur en Theologie en vn aage ou les autres ne font pas feulement capables d'en eftre les efcoliers.

Ce grand interualle qui se
passe en silence dans l'Escri-
ture depuis son enfance iusqu'à sa virilité, cause de l'e-
stonnement aux curieux qui
mesurent les façons de faire
de Dieu à celles des hommes,
ils ne peuuent pas comprendre à quoy s'occupoit vn ieune homme destiné à de si
grandes choses, & comme si
la puissance & l'action ne se
deuoient iamais quitter, ils
veulent que nostre Seigneur
estant capable d'enseigner, &
de faire des miracles des le
moment de sa Natiuité, il n'y
eut point d'autres employs
qui ne fussent au dessous de
sa condition & de son merite.

mais ces perſonnes appren-
dront de la Theologie que la
meſme conuenance qui por-
ta le fils de Dieu à prendre
noſtre chair, l'obligeoit auſſi
à conduire toutes les actions
de ſa vie, de telle ſorte que
les hommes n'euſſent pas
raiſon d'en douter, s'il euſt
commencé de donner des
enſeignemens, & de faire des
miracles des qu'il fut au mó-
de, il euſt peruerty l'ordre de
la nature qu'il voulut ſuiure
exactement, ſi ce n'eſt lors
qu'il eſtoit neceſſoire de s'en
eſloigner, pour monſtrer la
verité de ſon Incarnation,&
c'eſt pour cette raiſon qu'il
s'appelle luy-meſme ſi ſou-

uent le fils de l'homme, afin
qu'on ne s'imaginaſt pas qu'il
en euſt pris ſeulement la figure.

Il paſſa donc tout ſon bas
aage, ſon adoleſcence , &
vne partie de ſa virilité dans
les occupations que pouuoit
auoir le fils d'vn charpentier
obeyſſant à ſon pere, c'eſt la
reigle des fruicts excellens
que d'eſtre longs à venir, cette plante ne porta le ſien qu'é
ſa ſaiſon, & lors qu'elle fut
paruenuë à ſa iuſte grandeur.
Il eſtoit à propos qu'il enſei-
gnaſt auant que de faire des
miracles qui furét faits pour
la confirmation de ſa doctrine, & la bien-ſeance vouloit

auſſi qu'il fuſt baptiſé auant
que d'enſeigner.   Il le fut
donc par les mains de Sainƈt
Iean dans le trentieſme de
ſon aage ; il paroiſt homme
en receuant le Bapteſme de
la main d'vn homme, mais il
paroiſt Dieu en ce que loin
d'eſtre laué dans le fleuue du
Iourdain, il en laue s'il faut
ainſi dire les eaux, il les puri-
fie, & leur dõne la vertu d'effacer la tache originelle, l'ouuerture des cieux qui nous
auoient eſté fermez par le
peché, la deſcente du Sainƈt
Eſprit en forme de colombe,
& la voix du Pere eternel
qui l'aduoüe pour ſon fils
bien-aimé ſont des preuues

authentiques de sa Diuinité.

S'il beuuoit & mangeoit à la façon d'vn homme, il ieusnoit à la façon d'vn Dieu ; de l'eau il en faisoit du vin, & des viures, qui a peine suffiroient pour trois personnes, il en faisoit bonne chere à vne multitude qui le suiuoit pour le couronner , & qui estoit capable de composer vne armée. Il mesla la vie actiue à la contemplatiue, & s'il parut quelquefois homme dans la conuersation, il parut tousiours Dieu dans la solitude. Le Diable prend la hardiesse de s'adresser à luy pour le tenter comme vn homme, mais il le confond

& rend tous ſes efforts inutils,
comme vn Dieu, Il fait ſon
entrée dans Ieruſalem monté ſur vn vil animal, qui eſt le
ſimbole du trauail & de la
ſouffrance, mais les acclama-
tions d'vn peuple qui le benit
dans vne emotion generale
de la ville, & qui le fait marcher ſur ſes habits, recompenſe bien ce mauuais équi-
page. S'il fuſt entré à la façon
des conquerans, ſur vn char
de triomphe traiſné par des
cheuaux blancs, au deuant
duquel euſſent marché des
Rois enchainez, ce n'euſt pas
eſté grand merueille que la
ville ſe fuſt troublée, & que
le peuple luy euſt rendu ces

deuoirs, il pouuoit tres cer-
tainement viure au monde
auec ce grand appareil qui
fait redouter les victorieux,
mais il nous voulut oster l'occasion d'attribuer aux puissances de la terre, les effets
de la puissance du ciel.

Enfin apres auoir mené vne
vie digne du fils de Dieu, &
de Marie, apres auoir estably
vne saincte Religion propre
à dissiper les ombres de la
loy, & les tenebres du paga-
nisme par douze flambeaux
qui deuoient esclairer tout
l'vniuers, cet homme in-
comparable voulut accomplir
l'affaire de nostre salut, pour

lequel il auoit esté enuoyé de son pere eternel , tous ses preceptes & tous ses miracles ne tendoient qu'à cette fin de luyreconcilier les hõmes & de les preparer à receuoir les fruicts de sa passiõ, Il la commença des sa capture au Iardin des Oliues où il fut pris comme vn homme, mais comme vn Dieu il renuersa d'vne seule parole les detestables satellites qui le vouloient aborder, il les releua aussi bien qu'il les auoit abbattus & leur fist assez connoistre qu'ils n'auoient d'autre puissance sur luy que celle qu'il leur auoit donnée. Il ne luy suffisoit pas de s'estre

deguisé en pecheur ordinaire durant sa vie, il voulut paffer pour vn infame en fa
mort ; fçachant bien que fa
gloire & la noftre depen-
doient de fon ignominie, il
ne fe contenta pas du fuppli-
ce de la Croix, mais comme
s'il n'euft pas efté affez hon-
teux de foy mefme, il voulut que la fienne fuft plantée
entre deux voleurs, fur vne
montagne à la veuë de tout
le monde, & principalement
des perfonnes qui luy eftoiét
les plus cheres, afin que les
voyant fouffrir à fon occafion, il fouffrit encore d'a-
uantage.

Que s'il auoit paru vray

homme dans sa vie, il le paroist encore mieux dans sa mort qui semble estre plus propre à nostre espece qu'au reste des animaux, puis que le nom d'homme & de mortel se prennent l'vn pour l'autre. Mais aussi ne donna-il iamais des marques plus esclatantes de sa Diuinité, qu'en ces derniers momens où il donnoit plus d'occasion d'en douter; l'Eclipse irreguliere du Soleil qui mit toute la nature en düeil, le tremblement general de la terre, l'ouuerture des rochers & des sepulchres n'arriuent point à la mort des plus grands hommes de l'vniuers.

uers, ils n'arriuent qu'à celle
d'vn Dieu.

CHAPITRE IIII.

De la satisfaction de Iesus-Christ.

L'Homme estant crimi-
nel, Dieu estoit sa par-
tie, son tesmoin & son iuge,
il s'en pouuoit faire raison,
l'accuser & le condamner
tout ensemble, mais l'infinie
charité de son fils l'obligea de
prendre la qualité non seulement de mediateur, mais
encore de coupable, non seulement de Prestre dans vn
sacrifice de propitiation, mais
encore de victime, il fut l'vn
& l'autre en l'arbre de la

Croix où il voulut eſpuiſer
ſes veines , encore qu'vne
goute de ſon ſang n'euſt eſté
que trop capable de lauer
nos offenſes. Il voyoit que
ſon Pere auoit bien plus de
pouuoir ſur ſon debiteur, que
n'en donnoit anciennement
la loy des douze tables, qui
permettoit aux creanciers de
mettre le leur en pieces s'il
eſtoit inſoluable, & de prendre cette cruelle ſatisfaction
de partager entr'eux les
membres de celuy dont ils
ne pouuoient pas partager
les poſſeſſions ; leur rage ne
paſſoit pas au delà du corps,
mais Dieu a droit iuſques ſur
nos ames & nous pouuoit

rendre tous entiers eternellement miserables ; ce liberal voulut donc suppleer
à nostre insoluabilité , &
payer vne somme que nous
n'eussions iamais trouuée
ailleurs que dans les finances
de sa misericorde.

Il n'y a point de doute qu'õ
ne satisface , vne personne
offensée lors qu'on luy offre
vne chose qui luy est beaucoup plus chere que l'offense ne luy est odieuse, puis que
l'egalité mesme seroit suffisante pour en faire vne iuste
& raisonnable compensatiõ;
le fils de Dieu s'offrit à son
Pere sçachant bien qu'il estoit
plus l'objet de son amour,

que le peché ne l'eſtoit de ſa
haine, il ne pouuoit pas pre-
ciſément ſatisfaire pour nous
à cauſe que ſon merite eſtoit
infiniment plus grand que
noſtre faute, mais il aima
mieux paſſer les bornes de la
ſatisfaction, que nous laiſſer
dans les miſeres de l'impuiſ-
ſance. Il n'y a point de ſi difficile creancier qui ne s'ap-
paiſaſt ſi au lieu d'vn marc
d'argent on luy en rendoit
vn d'or, ou quelque gros dia-
mant au lieu d'vne petite
emeraude, c'eſt ainſi que
Dieu fuſt payé par les mains
de ſon fils qui fut noſtre li-
berateur & noſtre rançon
tout enſemble.

Encore que sa passion ait esté plus que suffisante pour nous deliurer de la peine & de la seruitude du peché, & que la gloire eternelle ne nous soit deuë qu'en consideration de ses merites, il ne faut pas toutesfois s'imaginer que nous n'ayons rien à faire pour l'obtenir, & que si nos soins n'ont pas esté necessaires pour nostre creation, ils ne le soient non plus pour nostre salut : il est vray que ce souuerain Redempteur, s'est liuré luy mesme pour nostre rachapt : mais il pretend que nous ioignons nostre reconnoissance à son payement, il a brisé nos fers, mais c'est afin qu'assistez de sa grace nous puissions courir dans la voye de ses commandemens , qui seroient superflus si nous n'estions pas obligez à les executer, il nous a ouuert la porte du ciel, c'est à nous d'y entrer aue luy, & non pas d'attendre qu'il nous y pousse auec violence.

C'est icy vn pas bié glissant, & d'où beaucoup d'esprits ou foibles ou presomptueux tombét tous les iours dans le precipice de l'heresie ; ils croiroient faire tort aux merites de Iesus-Christ s'ils se mettoient en peine de leur salut,& viuant dans vne mortelle confiance, se sont abusez iusques à ce point, que d'estimer les Commande-mens diuins absolument im-possibles, & de renoncer au franc arbitre qui est vne des plus aduantageuses perfe-ctions de la creature raison-nable ; ils se persuadent sur quelques passages de l'Escri-ture mal entendus, que la foy sans les bonnes œuures est capable de nous mener au Royaume de Iesus-Christ qui n'y est paruenu luy mes-me que par les trauaux & par les souffrances, qui ne presche que mortifica-tions dans l'Euangile , & qui ne veut receuoir person-ne à sa suite s'il ne porte sa Croix. H iiij

Pour auoir donc de iuftes fentimens de noftre Redemption, il faut confiderer noftre Sauueur comme la tefte d'vn corps dont nous fommes les membres par la foy, par la charité, & par l'vfage des Sacrements, principalement par celuy du Baptefme qui nous donne la iuftice que le premier hõme nous auoit rauie dés le commencemẽt, qui d'enfans d'ire nous fait enfans de grace & de mifericorde, & qui nous efleue à l'amitié de Dieu. Pendant que nous fommes vnis à ce principe ou pluftoft transformez en luy par la grace, les merites de fa Paffion nous sont appliquez, & nous participons aux effects de son excellence. Mais aussi-tost que le peché actuel nous en separe, le Diable reprend son anciéne iurisdiction sur nous, il nous remet à la chaisne, & nous n'auons plus de part à la gloire qui nous auoit esté procurée, mais le mesme Sauueur preuoyant bien nos recheutes, nous a laissé des ministres en sa place pour nous reconcilier derechef à son pere par le moyen des Sacremens, qui sont les visibles acqueducts de cette eau inuisible par laquelle nous sommes nettoyez, & rendus capables de la beatitude.

H v

TRAITE' QVA-
triefme.

L'Empire de Dieu, par le titre de la justi-fication.

CHAPITRE PREMIER.

De la iustification des Iuifs, auant la venuë du Messie.

S I la conduite de l'homme a esté merueilleuse dans la loy de nature, & dans la

loy efcrite, elle l'eſt incomparablement dauantage en
celle de la grace, les deux
premieres n'ont eſté que
l'ombre & la figure de la troi-
ſiéme, c'eſtoiét des crepuſcu-
les oɪdónés pour difpoſer nos
yeux à receuoir la lumiere du
Soleil, lequel quoy que caché
fous les nuages de nos infir-
mitez, a repandu ce beau iour
qui nous eſclaire, mais non
pas ſi parfaitement comme
lors que nous ſerons parue-
nus au midy de ſa gloire, qui
eſt la fin de la grace, comme
la loy de grace l'eſt de celle
de Moyſe & de la nature, c'eſt
pour elle que l'homme a eſté
fait, inſtruit & racheté, &

H vj

c'eſt pour elle qu'eſtant anciennement iuſtifié par la foy
d'vn Sauueur qui deuoit venir, il l'eſt aujourd'huy par
la grace d'vn Sauueur qui eſt
venu.

L'ordre eſt le pere de la
proportion, & la proportion
la mere de la beauté qui re-
luit dans tous les ouurages de
Dieu, principalement dans
celuy de noſtre ſalut, comme
le plus important, & pour
qui ſe ſont faites & ſe font
tous les iours tant de merueilles. Il y a vne telle liaiſon
entre les trois eſtats de la vie
de l'homme pour la conduire à celuy d'apres ſa mort
qu'il faut auoir perdu le ſens

si on n'y reconnoist la sagesse de ce grand œconome qui ne peut errer, & l'amour de ce pere qui ne peut haïr des enfans ingrats, & desobeïssans.

Encore qu'Adam eust perdu la iustice originelle & qu'il en eust priué toute l'estenduë de sa posterité, toutefois il ne perdit pas toutes les belles qualitez qu'il auoit receuës d'vne main aussi riche que liberale, quoy que ses lumieres fussent debilitées, neantmoins comme elles prouenoient immediatement de celuy qui a fait le Soleil & les estoiles, elles restoient encore assez viues pour se com-

muniquer auantageuſement
aux premiers de ſes ſucceſ-
ſeurs , & pour les inſtruire
de ces grandes veritez qu'il
auoit puiſées dãs leur propre
ſource : ceux-cy en firent de
meſme aux leurs , par vne
longue ſuitte d'années,& ces
perſõnes que la nature auoü-
oit pour les premiers gages
de ſon amour,viuoient ſi con-
formément à ſes loix, que
toutes les autres leur euſſent
eſté ſuperfluës , puis qu'elles
n'auoient pas beſoin de celle de Dieu,elles en auoient
bien moins de celle des hommes, & ſi nous les imitions
aujourd'huy nous n'aurions
que faire de Code ny de di-

gefte, ny de ce nombre infiny de couftumes & d'ordon-
nances, que nous faifons tous
les iours pour corriger nos
iniuftices.

Ceux qui viuoient en cét
aage, que les Poëtes ont appellé d'or, conferuoient encore quelques reftes de l'innocence qui auoit efchapé à
nos autheurs iufqu'à ce que
les femences en furent tout
à fait corrompues; car comme c'eft le deftin des chofes
du monde de ne tenir pas
ferme & de ne perfeuerer
gueres dans le bien, Adam
ne tranfmit pas à fes fuc-
cefleurs fes perfections au
mefme degré qu'il les auoit

receuës, ceux-cy ne les tranf-
mirent non plus aux leurs
qu'auec vn notable dechet;
de forte que peu à peu les
tenebres fuccederent à la lumiere, l'artifice à la franchi-
fe, & l'erreur à la verité; le
Diable fe feruit lors de la ju-
rifdiction que le peché luy
auoit donnée; s'il ne treuua
point de refiftance au pere
lors qu'il l'attaqua dans vn
eftat de juftice, que deuoit-il
craindre en attaquant les enfans dans vn eftat de corruption? il en vint donc aifé-
ment à bout iufqu'à les plon-
ger dans vn tel deluge d'abo-
minations, que des adora-
teurs d'vn feul Dieu, & des

obſeruateurs de la loy naturelle, il en fit des idolatres &
des ſodomites.

Les hommes veſcurent
ſans autre loy que celle de
leur raiſon pendant qu'elle
eut quelque empire ſur la
concupiſcence, mais apres
qu'elle l'eut entierement perdu & que la ſuiette l'euſt vſur-
pé ſur ſa ſouueraine iuſques à
luy faire meſconnoiſtre ſon
Createur & rendre aux choſes les plus viles l'honneur
qui n'appartient qu'à luy, il
trouua bon de ſeparer l'y-
uroye d'auecle froment, les
fideles d'auec les gentils, &
pour cét effect il inſtitua la
Circonciſion, afin qu'elle fuſt

la marque de son peuple,
qu'elle effaçast la tache originelle & qu'elle rallentit les
ardeurs de la concupiscence.

Abraham eut l'honneur
de receuoir le premier en sa
famille ce caractere de la foy
par laquelle il auoit esté iu-
stifié : ce grand seruiteur de
Dieu quitta volontiers son
pays & ses parens pour luy,
obeyr, & son zele luy fut si
agreable qu'il merita de receuoir ces auantageuses pro-
messes que toutes les nations
de la terre seroient benistes
en sa race, de laquelle deuoit
sortir l'instituteur de la verité
dont la Circonsion n'estoit
que la figure. La foy des an-

ciens Peres ayant vn mesme
object que la nostre, il estoit
raisonnable que les protesta-
tiõs s'en fissét par des ceremonies qui eussent du rapport,
comme il se voit presqu'en
toutes celles de l'ancienne
Religion & de la nouuelle.

La Circoncision fut ordon-
née long-temps auant l'in-
stitution de la loy, bien que
par celle-là on s'obligeast à
l'execution de celle-cy, d'autant qu'il estoit necessaire
qu'il se fist vne assemblée de
peuple, auant qu'il reçeust
vne chose qui a pour object
le bien public, & qui ne regarde les particuliers que
comme les parties d'vne so-

cieté. Lors donc que les Israë-
lites furent en assez grand
nombre, & que la Circoncision se fust estenduë à beaucoup de familles, Moyse fut
choisi pour leur donner la
loy; cét homme incompara-
ble, qui converssoit familie-
rement auec Dieu, receuoit
de sa bouche les oracles qu'il
debitoit aux hommes. Les
Iuifs estoient lors iustifiez
par la foy qu'ils auoient au
Messie qui leur estoit pro-
mis, leurs œuures de la loy
ne pouuoient pas estre meri-
toires, & leurs Sacremens
n'operoiét point la grace par
laquelle les Chrestiens s'esle-
uent à l'amitié de Dieu.

CHAPITRE II.

De la iustification des Chrestiens.

ENcore que l'ancienne & la nouuelle loy soiét toutes deux coulées d'vne mesme source de iustice & de saincteté, qui n'est autre que Dieu, & que nous soyós tous seruiteurs d'vn mesme maistre, neantmoins la loy de grace est d'autant plus parfaite qu'elle en est coulée immediatement, & que Iesus-Christ l'emporte sur Moyse: Ce souuerain Legislateur qui

n'eſtoit venu parmy les hommes que pour les rendre ac-
complis, c'eſt à dire ſemblables à luy, ne s'eſt pas contenté de leur laiſſer de ſi beaux
enſeignemens pour marcher
dans le ſentier de la vertu,
mais encore il leur a donné
des moyens pour s'y remettre alorsqu'ils ſeroient ſi malheureux que de s'en écarter.
La loy de l'Euãgile eſt ſi pure
& ſi delicate que les fautes
les plus legeres la choquent,
elle ne ſouffre pas meſme
l'ombre du vice & comman-
de vne tres exacte profeſſion
de la vertu : De ſorte que qui
peche contre vn de ſes preceptes deuient coupable de

la tranfgreffion de tous les
autres. Ceft à quoy noftre
diuin Docteur auoit pris garde, & voyant que nous auós
continuellement befoin d'a-
puys & de faueurs propor-
tionnées à fa difficulté, il y a
fi bien pourueu par l'inftitu-
tion des Preftres & des Sacremens, que le pecheur ne
s'en peut prendre qu'à foy-
mefme, s'il ne l'obferue pas
& ne doit imputer fa perte
qu'à fa malice ou à fa negligence.

La iufteffe & la propor-
tion que nous auons remar-
quée dans toutes les œuures
du Createur, fe rencontrent
auffi dans les Sacremens,

desquels nous tirons ce double aduantage qu'ils nous rendent plus propres à l'exercice de la Religion, & que contre le venin du peché, ils nous seruent de preseruatifs & d'antidote. On peut voir dans tous leurs effets le rapport qu'il y a de la vie de l'ame à celle du corps, aussi sont-ils composez de matiere & de forme, & representent à nos sens par des signes visibles la grace qui coule inuisiblement dans nos cœurs.

L'homme se considere en deux façons, à sçauoir comme vn indiuidu de son espece, & comme vne personne publique:

publique: Les cinq premiers
Sacremens le regardent en
la premiere confideration, &
les autres deux en la feconde,
pource que l'vnité precede la
multitude, & que l'exiftence
phyfique eft le fondement
de l'exiftence morale.

Par le Baptefme qui eft fa
naiffance fpirituelle, il eft
abfous du peché dont il eft
coupable auant que d'auoir
failly, il reçoit le cachet & le
fceau d'enfant de Dieu ; de
foldat & de frere de Iefus-
Chrift, & par confequent il
a droit au royaume du ciel
comme à fon heritage & à fa
conquefte, il eft fait membre
de ce beau corps qu'on ap-

pelle l'Eglife & citoyen de cette diuine Republique; Il eſt iuſtifié d'vne façon beaucoup plus noble & plus excellente que celle de la Circoncifion, d'autant qu'il reçoit la grace par la force du Sacrement qui conttibuë en qualité d'inſtrument à l'actió de Dieu, qui en eſt feul la cauſe efficiente.

La Confirmation repreſente l'accroiſſement, elle attire les faueurs du Sainct Eſprit qui donne de nouuelles forces à cét enfãt pour obeïr punctuellement aux volontez de fon pere, ce foldat eſt animé d'vn courage heroïque pour executer les ordres

de fon Capitaine, pour affrô-
ter la mort & donner dans
les occafions les plus peril-
leufes.

En fuite l'Euchariftie luy
tient lieu de nourriture, apres
qu'il eft paruenu à l'aage de
confiftence , & qu'il a plus
befoin de reparer la chaleur
& l'humidité naturelle qui
s'affoibliffent à chaque moment, c'eft à dire la charité
& le refte des vertus Chre-
ftiennes. Ce Sacrement eft
d'autant plus efleué fur les
autres , qu'il communique
l'autheur mefme de la grace
& le fait habiter dans nos
corps par vne tres-veritable
& miraculeufe preséce. C'eft

vne manne qui a toute forte de douceur & qui ne caufe iamais de degouft; c'eft vne viande qui ne fe corromp point, c'eft vne chair qui viuifie la raifon & qui mortifie la concupifcence. Ces trois Sacremens fuffiroient à rendre l'homme heureux, s'il pouuoit continuer dans les graces qui luy font departies par leur entremife, & conferuer iufque'au fepulchre l'innocence qu'il reçoit dans le berceau : mais comme il ne fe trouue que fort peu de perfonnes d'vn fi bon temperament, qu'elles paffent toute leur vie dans vne parfaite fanté, de mefme ne s'en trou-

ue-il que fort peu de fi cõfir-
mées en la charité, qu'elles
la conseruént inuiolablemét
fans dechet & fans alteratiõ;
le Diable, qui eft toufiours
aux aguets, menage fi bien
les occafions de nous fur-
prendre, il connoift fi bien
noftre foible, qu'à moins que
d'eftre inceffamment fur nos
gardes, il en vient à bout, &
nous iette dans vne condition d'autant plus deplorable,
qu'auant le Baptefme nous
n'eftions qu'enuelopez dans
la commune difgrace des
hommes par la faute d'au-
truy, & qu'en fuite par la noftre propre nous nous faifons
vne querelle particuliere a-

uec Dieu & auec toute la nature, nous perdons toutes les
faueurs du Sainct Esprit, &
les tresors de la grace, il ne
tient pas à nous que Iesus-
Christ n'auale vne seconde
fois le Calice de la Passion, &
que ses souffrances ne soient
inutiles, nous sommes faits
les enfans & les esclaues du
Diable, toutes les bônes œuures que nous auions faites
dans l'estat de iustice deuien-
nent mortes aussi bien que
leur principe, & nous meri-
tons enfin ces peines qui ne
laissent pas de durer eternellement encore qu'elles soient
violentes.

Voila donc le pecheur pe-

du fans qu'il puiſſe auoir de
reſource dans les puiſſances
de la terre, ſa maladie eſt de-
ſeſperée s'il n'a recours aux
remedes du ciel, dont la porte luy ſera ouuerte vne ſeconde fois par la penitence, c'eſt
la table ſur laquelle il doit
ſauuer le reſte de ſon debris,
c'eſt vne piece qui ne va iamais à fonds, s'il l'embraſſe
auec ardeur, elle le iettera
doucement ſur le riuage, ou
le fera voguer ſeurement ſur
vn torrent de larmes, qui
pouſſera ſa violence iuſques
dans le ciel, ce ſont des
eaux ſur leſquelles eſt porté
l'eſprit de Dieu : & c'eſt
par elles que le fleuue d'ou-

bly, qui n'eſt qu'vne imagination dans l'enfer, eſt vne verité dans le Paradis.

La Penitence eſt donc la
medecine de l'ame ſeulemét,
mais l'Extreme-onction l'eſt
de l'ame & du corps tout
enſemble, & principalement
de celle-là comme la plus
importante : elle ne s'admi-
niſtre à la verité qu'à ceux qui
ſe portent mal, & toutefois
elle a eſté pluſtoſt inſtituée
pour purger l'ame de ſes
mauuaiſes habitudes, que le
corps de ſes mauuaiſes humeurs, pour la bien preparer
à ſortir de cette demeure,
que pour l'y retenir, & pour
la conduire à la gloire de

l'autre monde, que pour l'en-
gager plus long-temps dans
les miferes de celuy - cy;
neantmoins s'il eft expedient
qu'elle y faffe encore du fe-
jour , l'huile dont elle eft
compofée comme de fa ma-
tiere a vne vertu toute cele-
fte, & la medecine humaine
n'a rien de fi efficace dans
fes baumes ny dans fes lini-
ments.

Ariftote ne s'eft pas mef-
conté lors qu'il a dit que
pour mener vne vie folitaire,
il falloit tenir du Dieu ou de
la befte ; fans doute la plus
naturelle des inclinations de
l'hõme eft celle qu'il a pour
la compagnie, & par confe-

quent ce grand Philosophe a
bien iugé que ceux qui la
fuyent doiuent estre d'vne
humeur brutale ou d'vne
force d'esprit extraordinaire.

L'Ordre, & le Mariage
font les deux Sacremens qui
regardent l'homme dans la
societé, celuy-cy fut institué
pour la faire, & celuy-là pour
la gouuerner spirituellemét.
L'Ordre est vn Sacrement
qui a donné des successeurs à
Iesus-Christ & à ses Apo-
stres pour nous administrer
tous les autres, qui leur a con-
feré cette merueilleuse puissance de lier & de delier,
d'ouurir & de fermer. Il precede le Mariage en dignité;

encore que celuy cy se pre-
sente le premier à noſtre imaginatiõ à cauſe de cette actiõ
animale qui repare les bref-
ches que la mort fait continuellement à noſtre eſpece,
neantmoins il eſt le dernier
de tous les Sacremens, parce
qu'il tient plus du ſens & de
la matiere que pas vn autre.

CHAPITRE III.

Du franc arbitre.

ENcore que l'homme ait
conſerué le franc arbitre
dans la perte des auantages
qui accompagnoient ſon in-

nocence , toutefois il n'en
sçauroit bien vser sans vne
particuliere faueur de Dieu,
de laquelle il a mesme besoin
pour se preparer à cette grace iustifiáte qui le rend agreable aux yeux de sa maiesté, &
qui par les droicts de l'ado-
ption luy donne part à l'heritage de Iesus-Christ , il ne
faut pourtant pas attribuer
tant à la grace qu'on ne laisse rien à la liberté , il faut tenir vn milieu & garder vn
certain temperament qui ne
fasse tort à l'vne ny à l'autre, la cause premiere s'ac-
commode tellement aux a-
ctiuitez des secondes, qu'elle
les perfectionne loin de les

violenter, ou de les deſtruire,
elle n'altere rien ny en la neceſſité des vnes ny en la liberté des autres.

Les Heretiques de noſtre
temps s'imaginent faire vn
grand honneur à Dieu en
luy rapportant tout l'ouurage de noſtre ſalut ſans que
nos volontez y contribuent,
ils veulent qu'il agiſſe ſur elles, comme ſur la cire qui reçoit toutes les impreſſions
qu'on luy donne ſans autre
concours que d'vne matiere
inſenſible ; ils ne prennent
pas garde qu'il eſt aſſez glorieux de luy meſme , que
nous confeſſons luy eſtre re-
deuables de tout ce que nous

fommes, & tenir mefme de luy iufqu'aux confentemens que nous preftons à fes confeils & à fes affiftances , & qu'enfin le blafpheme confifte autant à luy donner de faux attributs qu'à luy ofter les veritables. Ils content la perte du franc arbitre entre les dommages que nous auons receus du peché , mais l'experience leur donne le dementy dans toutes nos deliberations qui feroient fort inutiles, fi nous n'eftions capables de nous determiner & de choifir le party qui nous agrée; les loix & les inftructions nous pourroient rendre plus adroits & plus intel-

ligens, mais non pas meil-
leurs, on puniroit aussi iniu-
stement les actions de la malice & du sang froid, que celles de l'imprudence ou de la
folie ; & cette mesme raison
nous obligeroit à bannir du
monde la recompense & le
chastiment, d'autant que la
crainte de l'vn ny l'esperance de l'autre, ne nous sçauroit
inciter à la vertu ny detour-
ner du vice.

Quelques-vns se voyant
conuaincus par la force de
ce raisonnement, ont laissé à
l'homme la liberté pour les
actions ciuiles, mais ils la luy
ostent entierement pour celles qui appartiennent à son

falut : & toutefois c'eſt là où elle luy eſt encores plus neceſſaire ; autrement Dieu ſeroit vn iniuſte diſtributeur de la gloire qu'il a promiſe aux gens de bien, & de la miſere dont il a menacé les méchãs ; car de meſme que ceux-cy tranſgreſſeroient ſes commandemens par neceſſité, ceux-là les garderoient, & par conſequent ne ſeroient non plus dignes de loüange & de recompenſe, que les autres de blaſme & de ſupplice.

Si nous auions affaire à des Mahometans, ils nous pourroient donner plus de peine, mais puis que nos aduerſaires prennent le glorieux titre

de Chreſtiens auſſi bien que
nous, & que meſme ils s'ar-
ment des ſainctes Eſcritures
contre les veritez qu'elles
nous enſeignent, ils ne peuuent pas nier que le pecheur
ne ſoit cauſe de ſa perte, puis
qu'ils y trouuent auſſi bien
que nous, que celle d'Iſraël
vient de luy-meſme. Or il
eſt impoſſible de conceuoir
qu'vne cauſe qui agiſt neceſſairement ſoit coupable de
produire ſon effet: on ne fera iamais le procez au Soleil
pour auoir trop eſchauffé ny
à la gelée pour auoir trop re-
froidy. Certes, Dieu nous
tiendroit vne rigueur indi-
gne de ſa iuſtice & de ſa bon-

té, s'il nous permettoit d'estre les causes totales de nostre malheur, comme il est vray que nous le sommes, sans le pouuoir estre en nulle façon de nostre beatitude, non pas mesme par le consentement à la grace, qui nous rend capables de sa possession. Il est donc tres-asseuré que tout ainsi que la lumiere de nostre raison fust debilitée par le peché, mais non pas esteinte ; nostre franc arbitre fut peruerty, mais non pas ruyné, & sa puissance ne paroist que trop lors qu'il se porte au mal au lieu de suiure l'inclination naturelle qu'il auoit pour le bien : Ie n'ignore pas

que le mesme passage qui
rapporte nostre perte à nous
mesme, rapporte nostre salut à Dieu, & quand ie soustiens que nous y contribuõs
quelque chose ie ne pretend
pas diminuer les obligations
que nous auons à cette charité infinie, de qui nous tenons
non seulement la grace, mais
encore le franc arbitre & le
consentement que nous y
donnons, sans lequel elle ne
sçauroit operer nostre iustification, d'autant qu'elle n'a
pas accoustumé de nous en-
traisner, elle se contente de
nous attirer par vne tres-
douce & tres agreable violence.

CHAPITRE IIII.

De la grace.

LE nom de grace eſt ex-
tremement equiuoque,
nous ne la prenons pas icy
pour toute ſorte de don ou
de bien-fait, ny pour le re-
merciemét ou reconnoiſſance, ny pour l'amitié ny pour
le pardon de quelque crime;
celle dont nous diſcourons à
preſent eſt d'vne condition
plus eminente, c'eſt vn accident plus noble que beau-
coup de ſubſtances, il eſt ſpi-
rituel & d'vn ordre plus eſle-

ué que toute la nature, c'eſt vne qualité qui ne depend que de Dieu comme de ſa cauſe efficiente, c'eſt vne roſée toute celeſte que l'auro-re de ſes miſericordes diſtille dans nos cœurs pour y e-ſteindre les feux de la con-cupiſcence & allumer ceux de la charité, elle eſt ſi mer-ueilleuſe en nous faiſant paſ-ſer de la haine à l'amitié de Dieu, que les Theologiens publient hautement que la iuſtification du pecheur eſt vne choſe plus grande & plus difficile que la creation de l'vniuers, ſi neceſſai-re à l'homme pour parue-nir à ſa derniere fin, que ſans

elle il eſt incapable d'auoir
ſeulement la penſee d'vne
action qui l'y conduiſe en l'e-
ſtat deplorable où il ſe trouue lors que ſa nature debau-
chée par le Diable & cor-
rompuë par le peché a fait
fouſleuer les paſſions contre
la raiſon qui ne peut ranger
ces rebelles qu'auec les armes de la grace.

Il n'eſt pas ſi toſt né qu'elle luy donne, par le moyen
du Baptefme, la iuſtice qu'il
auoit perduë ſans l'auoir iamais poſſedée; s'il en a beſoin pour perſeuerer dans
l'heureuſe condition d'enfant de Dieu, à plus forte
raiſon en doit-il auoir pour

s'y remettre lors qu'il a esté si
malheureux que d'en sortir.

C'est lors que cét enfant pro-
digue a besoin de la tendres-
se & de la compassion de son
pere, afin qu'il le retire de
l'ordinaire des pourceaux, &
le face mettre à sa table; ce
Paralytique ne seroit iamais
plongé dans la piscine salu-
taire sans le secours de cét
amy charitable;& ce Lazare
ne ressusciteroit iamais s'il
n'estoit appellé tres-souuent
& par le ton d'vne voix écla-
tante. Enfin la necessité de
la grace ne le quitte iamais,
iusques là mesme qu'il ne
sçauroit se preparer à la receuoir sans les dispositions qui

viennent de la part de Dieu,
lesquelles portent le nom de
grace , encore qu'elles ne
ſoient pas cette grace habituelle dont nous traitons icy,
autrement ce ne ſeroit iamais fait , ſi elle en preſupo-
ſoit vne autre ſemblable, &
l'on ſeroit contraint d'en venir au progrez à l'infiny , qui
ne ſe peut non plus admettre
dans la grace que dans la nature.

Les hommes veulent ſou-
uent du bien aux autres
ſans leur en pouuoir faire,
& meſme le preſuppoſent
comme l'obiet de leur affection , mais en Dieu c'eſt
vne meſme choſe que de le
vouloir

vouloir & de le produire, il
aime toutes fes creatures, il
les pouruoit auffi de tout ce
qui leur eft neceffaire pour
leur perfection & pour la fin
où elles tendent : fes foins
vont iufqu'aux chofes infenfibles qui ne manquent de
rien pour paruenir au repos
qu'elles trouuent chacune
dans leur centre : Or fi les
animaux font pourueus de
formes naturelles pour exercer leurs fonctions , & les
mouuemens par lefquels ils
cherchent leur bien naturel,
à combien plus forte raifon
les hommes le doiuent-ils
eftre de formes furnaturelles
pour chercher & pour trouuer

K

leur bien surnaturel qui n'est
autre que Dieu, vers lequel
l'homme ne sçauroit esleuer
sa connoissance & son amour
naturellement, & par ses propres forces, encore qu'elles
fussent capables de le luy
faire connoistre, & aimer en
qualité de bien naturel & de
principe de toutes choses.

Les Theologiens ayant pris
garde à ce bel ordre estably
dans la grace aussi bien que
dans la nature, par lequel les
affaires de nostre salut se ne-
gotient côme celles du monde, ou les vns se seruent de
l'industrie & de la diligence
des autres, l'ont diuisée en
gratuite , & celle qui nous

rend agreables aux yeux de
la diuine majeſté. Par la premiere ils entendent tous ces
dons & toutes ces faueurs,
que Dieu depart à certaines
perſonnes qu'il choiſit pour
eſtre les inſtrumens de ſa mi-
ſericorde , affin qu'elles les
communiquent au prochain,
& que par vn commerce ſpi-
rituel elles trauaillent à ſon
ſalut : la foy , la ſapience, le
pouuoir des miracles, la pro-
phetie & beaucoup d'autres
talens ſont dans cette cate-
gorie. Celle qui nous rend
agreables à Dieu eſt plus noble , d'autant qu'elle nous
ioint eſtroitement auec luy,
ce que ne fait pas la gratuite,

qui trauaille seule à la dispo-
sition des cœurs qui sont
comme la matiere de cette
belle forme.

On la diuise aussi en ope-
rante & cooperante, en pre-
uenante & subsequente, mais
toutes ces diuisions se redui-
sent à deux, à sçauoir actuelle
& habituelle, dont l'vne gue-
rit nostre ame & la iustifie,
l'autre la rend capable de
produire les bonnes actions
qui meritent la recompense
de la gloire eternelle. Ie laisse à l'Ecole le champ de ba-
taille libre, où elle s'echauffe
si fort, touchant la façon dõt
la grace est infuse dans les
ames qui passent de l'estat

d'iniuftice à vn eftat contraire, & la correfpondance de
nôtre franc arbitre aux mouuemens de Dieu, la brieueté
que ie me fuis propofée en ce
difcours me deffend d'entrer
en lice fur ces queftions qui
ont fait tant de bruit ces iours
paffez, de la grace fuffifante,
& de l'efficace ; il nous fuffit
de fçauoir & de croire auec
l'Eglife , que nos confentemens font abfolument ne-
ceffaires à noftre iuftificatiõ,
que Dieu n'agift point auec
nous comme auec des beftes,
que fa bonté & fa rigueur
font trop bien ordonnées
peur nous vouloir fauuer ou
perdre malgré nous, & que

c'eſt vn Prince qui n'ignore pas que le trop d'indulgence eſt auſſi preiudiciable à ſes ſujets que la tyrannie. Il frappe aux portes de nos cœurs, mais il ne les enfonce pas, il excite nos volontez, mais il ne les violente point, il attire tout le monde, mais il n'entraiſne perſonne qui luy reſiſte, il n'y a que la iuſtification des enfans qui ſe fait au Bapteſme ſans leur conſentement: mais la raiſon eſt que comme ils ne l'auoient pas apporté à la tache originelle, il ne leur eſt non plus neceſſaire, afin qu'ils en ſoient nettoyez.

TRAITE' CINquiesme.

L'Empire de Dieu sur l'homme par le titre de la glorification.

CHAPITRE PREMIER.

De la Resurrection & du iugement general.

LEs bien-faits de la creation & de la conseruation sont tres-considerables, ceux de la

Redemption & de la juſtifi-
cation le portent plus auant,
& nous obligent à vne re-
connoiſſance d'autant plus
grande que le ciel eſt au deſſus de la terre, & la grace au
deſſus de la nature, mais celuy que nous allons traiter eſt
bien plus excellent, puis qu'il
eſt la fin de tous les autres.
De meſme que l'Empirée eſt
le plus haut des cieux, auſſi la
gloire que nous y receurons
eſt quelque choſe de tranſ-
cendant, & voit au deſſous
d'elle la grace dont la fin n'eſt
autre que de donner à nos
actions vn prix digne de cette recompenſe.

Ce ſouuerain bien-facteur

n'a rien oublié qui nous peut
marquer l'excez de fon a-
mour, s'il fe fuft contenté de
nous donner vne vie temporelle, encore luy euffions-
nous efté infiniment rede-
uables, il pouuoit mefme
nous en donner vne eternelle fans le bon-heur de fa
iouyffance, & celle-cy ne
pouuoit-il pas nous la pro-
curer fans mourir honteufe-
ment fur vn gibet ? mais il a
voulu nous conduire par des
degrez d'obligation & de
feruitude iufqu'au fefte de
ce bon-heur, où nous ver-
rons les infinies beautez de
fon effence, Allons donc
pluftoft foüiller dans les fe-

pulchres & reprendre cette
moitié que la mort nous a-
uoit oftée, afin de iouyr tous
entiers de cette vie qui ne reconnoiſtra plus la domination de cette puiſſante enne-
mie.

L'homme refuſcitera pour
eſtre renouuellé dans la re-
priſe d'vn corps exempt de
toute forte d'imperfection
qui ne ſe peut rencontrer dãs
l'eſtat de la gloire; le monde
qui n'a eſté fait que pour ſon
vſage ſera auſſi raffiné, & par
l'eſclat d'vne beauté extraordinaire contribuera quelque
choſe à la perfection de ſa
beatitude; de meſme qu'il
fut autrefois laué par le de-

el luge qui fut comme le Baptefme general de la nature,
auffi doit-il vn iour eftre pur-
gé par vn embrafement vni-
uerfel, & tout ainfi qu'il femble que l'eau fut employée
tres-à propos comme pour
alentir les ardeurs de la concupifcence qui regnoit au
temps de fa ieuneffe ; il femble auffi que le feu le doiue
eftre comme pour rechauffer
la charité qui fera lors extremement refroidie au temps
de fa vieilleffe. Cét element
fera vne chymie generale de
tous les autres, il confomme-
ra les taches qu'ils pourroiét
auoir contractées par la con-
tagion de nos pechez, &

toutes les qualitez eſtrange-
res qu'ils pourroient auoir
receuës dans le meſlange des
tranſmutations, en fin il ſe-
parera le pur de l'impur & les
remettra dans la premiere
ſimplicité de leur naiſſance.

La ſpiritualité & l'immortalité de l'ame ſont des veritez auſſi publiques qu'elles
ſont importantes, ce ſont les
fondemens de l'honneſteté,
de la vertu, & de la Religion,
& ſi la premiere nous porte à
la connoiſſance & à l'amour
de Dieu, la ſeconde nous en
fait eſperer la iouyſſance, elles ſeruent de preuue l'vne à
l'autre, & l'on peut dire que
l'ame eſt immortelle, parce

qu'elle eſt ſpirituelle , &
qu'elle eſt ſpirituelle parce
qu'elle eſt immortelle. La
ſpiritualité la rend ſimple &
indiuiſible, & par conſequēt
exempte de la mort & de la
corruption qui n'ont d'empire que ſur les choſes com-
poſées. C'eſt pourquoy les
mixtes durent ſi peu, d'autant que leurs ennemis logēt
chez eux en qualité d'hoſtes
neceſſaires, & que les meſmes choſes qui les font ſub-
ſiſter ſont celles-là qui les dé-
truiſent.

Certes encore que l'hom-
me reſſente quelquefois en
ſa partie interieure, le deſor-
dre des paſſions auec les be-

ftes , il goute auffi dans la fuperieure le calme de la rai-fon auec les Anges, & tenant le milieu entre ces deux ex-tremes , il boit, & mange & fait le refte des fonctions de la vie temporelle, mais il s'en priue auffi quand il le iuge à propos pour paruenir à l'e-ternelle ; fi fon ame eftoit de la trempe groffiere de celle des animaux, elle ne paffe-roit pas leur portée , s'il n'a-uoit d'autre auantage fur eux que la delicateffe des orga-nes , il ne feroit gueres plus adroit que les finges , ny plus docile que les chiens ou les elephans , mais c'eft luy qui les dreffe, & qui les enfeigne,

son induſtrie eſt plus grande
que la force des taureaux , il
appriuoiſe les ours , & les
lions , & fait ſeruir au plaiſir,
& au diuertiſſement ce que
la nature ſemble n'auoir fait
que pour l'horreur, & pour
la crainte. Les arts , & les
ſciences ſur tout la Theologie, & la Philoſophie , où
l'ame s'emporte au delà du
temps, du mouuement, du
lieu & de la matiere par des
abſtractions metaphyſiques,
marquent tellement la di-
gnité de ſa condition, que les
impies reſtent cõuaincus par
leurs propres raiſonnemens,
alors qu'ils penſent deſtruire
ſon immortalité, ils l'eſta-

bliſſent, & monſtrent par la
ſubtilité de leur diſcours
qu'elle eſt ce qu'ils ne voudroient pas qu'elle fuſt : de
ſorte qu'en cette diſpute on
ſans pourroit legitimemēt,&
fallace vſer contr'eux dece
dilemme qui faiſoit trouuer
bonne & mauuaiſe la cauſe
du maiſtre contre le diſciple,
& du diſciple contre le maiſtre en l'art de perſuader, où
l'vn alleguoit les meſmes raiſons pour refuſer le payement de ſon apprentiſſage,
que l'autre pour le demander. Il faſche aux libertins
qu'il y ait vne ſeconde vie,
qui ne leur peut offrir que
des malheurs, pource qu'ils

ont mis leur felicité dans la premiere.

S'il est vray que l'ame soit immortelle, il n'est pas moins vray qu'elle est vnie au corps en qualité de forme, & qu'elle y exerce toutes les operations de celles des plantes & des animaux ; il est aussi tres-constant qu'elle aime cherement cette moitié, & qu'elle ne l'abandonne iamais pendant qu'elle est en estat de la loger. Quelques Philosophes vn peu trop metaphysiques ont voulu qu'elle fust bien aise d'en sortir comme d'vne prison où elle languissoit absente du ciel dont elle estoit natiue : les Platoniciens se

donnoient carriere là-deſſus
auſſi bien que les Stoïques, &
par des termes plus eſtima-
bles que leurs raiſonnemens,
taſchoient de perſuader qu'e-
ſtant degagée de la matiere,
elle ſeroit plus propre à ces
hautes operations où conſi-
ſte le ſouuerain bien. Mais
ils ſe ſont tous abuſez à cauſe
qu'ils la prenoient pour vne
eſtrãgere, qui eſtoit à l'hõme,
ce que le pilote eſt au vaiſ-
ſeau, & qu'ils ignoroient les
qualitez d'vn corps glorieux
lequel loin d'apporter à ſa
chere compagne quelque
empeſchement pour les a-
ctions intellectuelles, con-
tentera le deſir naturel qu'el-

ele a de luy estre rejointe.

L'ame estant donc la for-
me du corps ne le quitte iamais qu'auec vne violence
qu'elle souffre tousiours iusqu'à ce qu'elle l'ait repris , &
ie ne doute nullement qu'il
n'eust la mesme inclination
pour elle, s'il luy restoit vne
pareille connoissance apres
leur separation,& que la matiere peut demeurer sans forme comme celle-cy demeu-
re sans la matiere.

Iesus-Christ est nostre mo-
dele, c'est la cause exemplai-
te aussi bien que finale de
nostre predestination , il ne
cesse de nous rendre le bien
pour le mal , car si nous auõs

esté cause de sa mort, il l'est
de nostre Resurection, comme pour les affrons que nous
luy auons faits en ce monde,
il nous prepare des honneurs
& des contentemens en l'autre; il est raisonnable que le
corps qui a participé aux bõ-
nes œuures des saincts soit
glorifië, & que celuy qui a
participé aux meschancetez
des impies soit diffamé, Enfin puis que les hommes doiuent estre heureux ou malheureux, ils ne le seront pas
à demy, autrement ce ne seroient pas des hommes, &
d'autant que ce n'est pas l'a-
me seule qui a bien ou mal
seruy Dieu, ce ne sera pas

elle auſſi qui ſeule en receura
le prix ou le chaſtiment.

Ce diſcours nous diſpoſe
fort à nous laiſſer perſuader
la verité de la Reſurrection,
le retour du Soleil qui reſuſ-
cite la lumiere tous les iours:
les fleurs, les herbes & les
feüilles tous les ans, nous en
donne quelque idée, mais
certes l'ouurage en eſt tout à
fait merueilleux & ſurnatu-
rel, & rien que la foy ne peut
obliger à le croire. Noſtre
imagination trauaille là-deſſus, & l'on a de la peine à cõ-
ceuoir que des cendres iet-
tées au vent ſe raſſemblent,
comme ſi les os, les nerfs,
les muſcles, les cartilages, les

veines, & les arteres d'vn
corps s'entreconnoissoient
pour se raiuster, & qu'en fin
vne matiere qui aura si souuent changé de forme repre-
ne celle qui l'animoit il y a
si long-temps ; mais la mesme puissance qui crea les a-
mes & qui les logea dans les
corps la premiere fois, sçaura
bien les y remettre la secõde.

Le iugement general est
vn article de nostre creance
aussi bien que le particulier,
l'vn ne destruit point l'autre
comme quelques-vns se sont
imaginez, puis que nous deuons estre heureux ou mal-
heureuxtous entiers, nousde-
uons aussi estre iugez de mesme, encore que soudain a-

pres la mort, noftre departe-
ment nous ait efté affigné, il
eft neátmoins à propos qu'a-
pres la confommation des
fiecles nous entendions pro-
noncer noftre arreft de grace ou de condamnation en
prefence de toutes les creatures intelleCtuelles qui fer-
uiront de tefmoin à ce grand
Iuge des viuans & des morts,
pour la gloire des iuftes, &
pour la confufion des mef-
chans.

Iefus-Chrift enuironné de
toute fa fplendeur, paroiftra
dans fon tribunal comme vn
Prefident au milieu de ces
hommes parfaits, qui par vn
volontaire abandonnement

de toutes choſes pour le ſuiure, ont merité de iuger auec
luy, d'eſtre comme ſes aſſeſ-
ſeurs, & de compoſer le dernier & le plus auguſte ſenat
du monde. Leur maieſté ſera capable d'imprimer la terreur dans l'ame des iuſtes qui
n'auront pas encore ſuby la
rigueur de leur examen ; la
paſſion, & l'ignorance qui
empeſchent ordinairement
les hommes de rendre à vn
chacun ce qui luy appartient
n'apporteront point d'obſtacle à l'equité de leur diſtri-
bution, & nous n'aurons a-
lors aucune eſperance de
corrompre nos Iuges, ny
de ſuborner nos teſmoins:
c'eſt

c'est là que les replis de nos
cœurs seront estendus, &
que chacun lira dans la con-
science d'autruy aussi clairement que dans la sienne, c'est
là que le masque de l'hypo-
crisie sera leué, que l'iniustice de la reputation cessera,
& tel viuoit glorieusement
dans le souuenir des hom-
mes qui mourra de honte de
voir ses meschancetez, & ses
fourberies découuertes : cõme aussi les innocens que le
faux tesmoignage auoit op-
primé, & fait passer pour
coulpables, seront hautemét
iustifiez, & verront changer
en vn excez d'honneur de-
uant tout le monde l'ignomi-

L

nie qu'ils auoient soufferte dans l'opinion de quelques personnes seulement. On tient que la valée de Iosaphat sera le lieu d'vne si grande assemblée, & où se tiendra vne si fameuse audiance. Heureux mille fois ceux-là qui seront appellez à la part de ce beau royaume qui leur est preparé dés le commencement, & malheureux mille & mille fois ceux-là qui seront commandez d'aller brusler incessamment auec les demons parmy des flames eternelles. On tient que les signes qui precederont ce iour espouuentable le seront aussi au dernier point.

La terre tremblera , la mer
s'enflera, les bestes ietteront
de grands cris, les plantes du
sang , les pierres se choque-
ront, le Soleil, & la lune per-
dront leur esclat, & se cou-
uriront de düeil cóme pour
celebrer les funerailles de la
nature.

CHAPITRE II.

De la beatitude en general.

TOus ceux qui ont vou-
lu passer pour ama-
teurs de la vertu sous
le nom de Philosophes, sont
tóbez d'accord qu'il y auoit

vn souuerain bien, lequel deuoit estre l'obiet de nos desirs
& de nos esperáces, & auquel
nous deuiõs raporter tous nos
soins & toutes nos pensées
comme à la fin, pour laquelle nous auons receu l'estre.

Ils ne pouuoient douter
d'vne verité que la raison &
l'experiéce leur persuadoiét,
autrement les auantages que
la nature nous a faits par dessus le reste des animaux seroient bien peu considera-
bles s'ils ne pouuoient pas
estre les instrumens de nostre
bon-heur, comme ils sont les
marques de nostre excellence. Mais ce consentement
estoit suiuy d'vne estrange

« diuision, & s'ils auoient assez
» de lumiere pour conceuoir
» qu'il y auoit vne felicité, ils
» n'en auoient pas assez pour la
» connoistre.

Il s'en trouua de si brutaux,
& de si peu dignes de l'estu-
de dont ils faisoient profes-
sion que de la loger dans les
voluptez du corps, & dans les
biens de la fortune, d'autres
vn peu moins sensuels vou-
lurent que ceux de l'esprit y
eussent la meilleure part, &
d'autres encore plus raisonnables la mirent dans la pra-
tique de la vertu : les Stoï-
ciens en ont dit les plus belles choses du monde , mais
toute leur eloquence se re-

duit à ce point que de pref-
cher vne fageffe impoffible,
& toute leur Philofophie
conclud à ce Paradoxe ridicule que pour eftre homme
de bien, il ne faut pas eftre
homme, ils prenoient d'ailleurs le moyen pour la fin, &
l'acceffoire pour le princi-
pal, leur abus le plus important eftoit de renfermer dans
les bornes de cette vie vne
chofe qui ne s'y peut trouuer, & qui doit auoir vne
eternelle durée.

D'autres ont pris l'effor encore plus haut, ils fe font en
quelque façon doutez de la
verité lors qu'ils ont dit que
le fouuerain bien de nos a-

mes confiftoit à fe dégager
des impuretez de la matiere
pour contempler les fubftan-
ces qui n'en ont point, c'eft à
dire les intelligences.

Les Platoniciens & les A-
rabes ont fait merueille là
deffus, & donné plus prez du
blanc que tout le refte, mais
l'ignorance d'vn vray Dieu,
ou du moins la crainte de
le publier, leur eftant commune, celle de la vraye &
furnaturelle beatitude l'eftoit
auffi par confequent, pource
qu'elle n'eft autre chofe que
l'vnion furnaturelle de noftre ame à luy comme à fa
fin, & à fon principe.

Ces materiels qui faifoient

tant deſtime des voluptez du
corps, ne trouueront iamais
de creance parmy les hon-
neſtes gens, & les autres opinions eſtoient bien plus ſu-
portables qui eſtabliſſoient
le ſouuerain bien dans les habitudes ou dans les operations de l'entendement, &
de la volonté, mais il eſt aiſé
de les deſtruire par ce raiſonnement. Les biens du
corps ſont plus excellens que
ceux de la fortune, ceux de
l'eſprit ſont au deſſus de tous
les deux, mais les vns ny les
autres ne ſont capables de
rendre l'homme heureux,
d'autant qu'ils ne peuuent
pas le ſatisfaire : quand il ſe-

roit le plus beau, & le plus
dispos du monde, quand il en
seroit le maistre absolu, quãd
il auroit fait tous les progrez
imaginables dans les vertus,
& dans les sciences, il trou-
ueroit à redire à sa condition,
& si la Philosophie l'auoit
rendu assez moderé, pour se
contenter de ses perfections
corporelles, pour ne pas sou-
haiter de nouueaux mondes,
ou pour se consoler de la perte de celuy-cy, enfin si elle
le rendoit satisfait quant aux
biens du corps, & de la fortune, elle le rendroit plus auide
pour ceux de l'esprit, & luy
donneroit ces belles inquie-
tudes qui tourmentent les

L v

ſcauans & les vertueux.

Il faut donc neceſſaire-
ment conſtituer noſtre derniere fin en quelque choſe
de ſi ſolide, & de ſi excellent
que nous ne ſoyons iamais
troublez, ny par la crainte de
la perdre, ny par le deſir d'en
poſſeder vne autre qui vaille
mieux ; il faut auſſi que le
prix, & la dignité de cette
choſe n'empeſche pas qu'elle ne ſoit expoſée à la pour-
ſuite de tous les hommes, &
qu'ils puiſſent tous aſpirer à
ſa iouyſſance, puis que ſans
aucune exception , ils ſont
tous nez pour elle. Où ſe trou-
uera donc vne choſe qui ait
des conditions ſi eminentes?

ce trefor eft-il caché dans les
abifmes de la mer, ou dans
les minieres de la terre? certes on a beau le chercher
dans ce monde, & durant les
incommoditez de la vie parmy les biens dont nous auõs
parlé, on ne l'y rencontrera
iamais, d'autant qu'outre les
deffauts que nous y auons
remarquez ils en excluent
les perfonnes que la nature
ou la fortune n'ont pas affez
liberalement partagez.

Helas que l'homme feroit
à plaindre fi fon veritable
bon-heur dependoit des ca-
prices de l'vne, ou des auantages de l'autre, & non pas
de celuy qui eft le iufte & l'v-

nique objet de sa gloire &
de son plaisir, qui ne rebute
personne, à qui la beauté, &
la laideur du corps sont in-
differentes, chez qui les pau-
ures & les simples sont ordinairement mieux venus que
les riches, & que les adroits:
bref qui n'a d'amour que
pour la charité, ny d'auersion
que pour la malice.

CHAPITRE III.

De la vraye & surnaturelle beatitude de l'homme.

I'Ay tousiours creu que
les bons esprits de l'anti-

quité auoient trahy leurs fentimens en cét endroit, & que
comme dit l'Apoſtre, ils n'a-
uoient pas glorifié Dieu pro-
portionnement aux lumieres
qu'ils en auoient receuës,
Platon, Ariſtote & pluſieurs
autres eſtoient trop habiles
gens pour croire cette mon-
ſtrueuſe pluralité de Dieux
qui ſe deſtruit d'elle meſme,
& quand ils ont parlé des formes ſeparées ou des intelligences ils n'ont iamais en-
tédu que ce fuſſent des eſtres
fouuerains, dont la connoiſſance nous rendit bien-heureux, mais ils ſe fouuenoient
de la Ciguë que les Atheniens
firent aualer à Socrate , &

preferant leur conseruation
à la verité, ils la retenoient
dans l'iniustice. Ils eurent
tous cette lasche complai-
sance pour leurs loix & pour
leurs coustumes que de parler comme le peuple, quoy
qu'ils raisonnassent comme
des Philosophes; ils conneu-
rent bien que la felicité de
l'homme consistoit dans la
plus haute operation de l'entendement, qu'estant spiri-
tuel, son objet le deuoit estre
aussi, & l'emporter sur tous
les autres comme l'entendement l'emporte sur toutes les
puissances de l'ame : mais la
mesme consideration qui les
obligeoit à dementir leur

confcience touchant la pluralité des Dieux , leur faifoit
dire qu'il y auoit diuers ob-
jets de cette connoiffance en
laquelle ils mettroient noftre
beatitude.

Quand à nous à qui la foy
prefcrit, ce que la raifon per-
fuade , qui viuons fi loin des
erreurs du paganifme qu'il
ne feroit pas moins dange-
reux à prefent de publier le
menfonge, qu'il eftoit lors la
verité , nous n'auons garde
de chercher d'autre objet à
noftre entendement, & à noftre volonté, que celuy qui eft
effentiellement bon & veritable, de mettre noftre repos
qu'en celuy qui eft incapable

de mouuement, & noſtre fin
ailleurs que dás noſtre principe. Toutes les creatures ſõt
limitées, nos deſirs ne le ſont
pas; il n'y a donc que le createur qui les puiſſe borner, il
n'y a donc que luy qui puiſſe
raſſaſier noſtre appetit, nous
ſommes des Cerfs alterez, &
des hydropiques dont la ſoif
ne s'eſtanchera iamais que
dans les eaux d'vne ſource
eternelle. La nature n'a point
donné de vaines pourſuites
aux animaux, ils ont tout ce
qu'il leur faut pour paruenir
à leurs fins encore qu'ils ne
les connoiſſent pas, eſt-il poſſible qu'elle ait traité moins
fauorablement les hommes,

qu'elle ne leur ait donné des aduantages que pour les inquieter, & pour les rendre malheureux ? Puis dõc qu'ils s'eleuent iusqu'à chercher leur satisfactiõ dans la iouyssance d'vn bien infiny, ils ne forment pas des souhaits inutiles, ny des vœux impossibles. Aussi la bonté de Dieu a voulu soulager nos langueurs, & nos impatiences par le sainct Sacrement de l'Eucharistie où il preuient nostre beatitude eternelle, & nous donne par auance sous le voile des especes, ce que nous posséderons à decouuert dans le ciel, c'est là que l'enigme nous sera expliqué,

& que nous verrons face à
face le Soleil que nous ne
voyons icy bas qu'indirecte-
ment , & par les reflexions
qu'il fait dans le miroir de la
nature.

Mais comment se fera ce-
la ? ne faut-il pas qu'il y ait de
la proportió entre la puissance & l'obiet, comme entre la
forme & la matiere ? & quelle
proportion y peut-il auoir
entre l'entendement humain
& l'essence diuine, puis qu'ils
sont infinimēt éloignez l'vn
de l'autre ? les yeux du corps
le sont bien moins des creatures spirituelles , & toutefois ils ne sçauroient attain-
dre à la perfectió de les voir,

comment donc ceux de l'a-
me auront-ils aſſez de vigueur pour voir Dieu, &
contempler fixement vn Soleil qui eſblouïſt meſme les
ſeraphins? Les veritez les plus
aſſeurées ne ſõt pas touiours
les plus faciles à conceuoir,
celle-cy eſt de cette nature,
quelque diſproportion qu'il y
ait de Dieu à noſtre entendement comme du finy à l'infiny, & du createur à la creature, il y a touſiours vn certain rapport comme de l'obiet à la puiſſance, & de la matiere à la forme, les yeux du
corps ſont incapables de voir
les Anges, d'autant qu'ils
ſont ſpirituels, mais ceux de

noſtre ame le ſont auſſi bien
qu'eux, & par conſequent il
n'y a point de repugnance
qu'ils ſoient capables de la
viſion beatifique. Il eſt vray
qu'ils n'auroient garde d'y
paruenir d'eux-meſmes, &
que toutes les puiſſances de la
nature ſont trop baſſes pour
les eſleuer à cette dignité, ils
ont beſoin d'eſtre fortifiez
par la lumiere de gloire, qui
eſt vne qualité auſſi neceſſaire pour noſtre beatitude, que
la grace pour noſtre iuſtification, ſi celle-cy nous donne
droit à l'heritage celeſte, l'autre nous met dans ſa poſſeſ-
ſion, l'vne nous approche de
Dieu par la foy, par l'eſpe-

rance & par la charité, &
l'autre nous y conioint par
l'vnion de la iouyſſance.
C'eſt elle qui doit remplir
nos cœurs, ils ne ſçauroient
trouuer leur compte dans les
biens ſubalternes, leſquels
quoy que parfaits chacun en
leur eſpece, ſont touſiours
defectueux en ce qu'ils ne
ſçauroient auoir toutes les
perfections du ſouuerain biẽ
qui ne ſe communique ia-
mais au dehors auec toute la
plenitude de ſon excellence.

Encore que noſtre enten-
dement puiſſe eſtre rendu capable de voir Dieu comme il
eſt en ſon eſſence, il ne faut
pas toutefois en venir à ce

point de vanité, que de s'i-
maginer qu'il le puisse comprendre, c'est à quoy il ne
sçauroit estre esleué par aucune puissance, & c'est iuste-
ment de cette sorte que se
peut entendre la disproportion
tion dont nous auons parlé.
Nous verrons à la verité toute l'essence diuine, d'autant
qu'elle est tres-simple & tres-
indiuisible, mais nous ne la
verrons pas entierement cõme elle peut estre conneuë
en elle mesme. Quelques
illuminez que nous soyons il
y aura tousiours de l'obscu-
rité pour nous; & rien que ce
grand Astre n'est capable de
supporter tout l'esclat de sa
lumiere.

Les Theologiens diftinguent en Dieu deux fortes de connoiſſance : celle de la veuë, par laquelle il connoiſt toutes les choſes paſſées, & à venir comme ſi elles eſtoient preſentes, & l'autre celle de la ſimple intelligence qui eſt auſſi grande que ſon pouuoir & par laquelle il cōnoiſt non ſeulement les choſes qui en partiront effectiuemét, mais encores celles qui en pourroient partir. Les meſmes Theologiens auoüent que les bien-heureux ſont capables de voir en Dieu les obiets de ſa connoiſſance de veuë, c'eſt à dire toutes les choſes qui receuront l'eſtre,

mais non pas ceux de sa sim-
ple intelligence, c'est à dire
toutes les choses possibles,
d'autant que leur cōnoissan-
ce seroit égale au pouuoir
infiny de Dieu ce qui est absolument impossible, luy seul
estant capable de se conceuoir parfaitement à cause
que ses attributs ne font rien
que son essence.

L'entendement ne sçauroit
presenter le bien à la volonté qu'elle n'en soit esprise
comme de son obiet, & si
les imparfaites cōnoissances
qu'il luy en propose mainte-
nant luy causent de si violens
transports, de quels extases,
& de quels rauissemens, ne
fera-

ſera-elle point capable à la
preſence de ſon Dieu, où elle
rencontrera toutes les beautez qui l'enflammoient icy
bas en diuers obiets, recueillies auec tant d'eminence,
qu'elle reconnoiſtra bien la
ſource d'où elles auoiēt coulé; mais ce qui la doit char-
mer au dela de toute ſorte
d'expreſſiõ, c'eſt qu'elle verra les attributs eſgaux de l'v-
nité, & les differentes relations de la Trinité, elle aura
lors vne claire & diſtincte
connoiſſance de l'vnion hy-
poſtatique du Verbe auec
noſtre nature, & de tous ces
ineffables myſteres, dont
nous n'auons icy bas que les

M

obscures certitudes de la foy,
& de l'esperance.

Dieu s'vnissant à nostre
ame par la charité, il est tres-
certain qu'elle sera la mesure
de la gloire, & que ceux là
seront les plus fauorisez qui
aimeront le mieux; la connoissâce cause l'amour de la
terre, mais l'amour cause la
connoissâce du ciel, ce ne seront pas les plus subtils & les
plus sçauans qui l'emporte-
ront, ce seront les plus ar-
dans & les plus passionnez:
les Seraphins tirent toute
leur excellence du feu qui
les embrase, & les peintres
ne les representent qu'auec
les plus viues couleurs de ce

chaud element.

Neantmoins dans le Paradis il n'y aura point de mescontans, parce qu'ils puiseront tous à leur aise dans la source de la ioye & du contentement ; encore que tous leurs vaisseaux soient pleins iusques aux bords, il y aura du plus & du moins, parce qu'ils ne seront pas tous d'vne mesme capacité. Tous les saincts seront reuestus de la robbe d'immortalité, mais elle sera proportionnée à la taille d'vn chacun ; encore qu'ils soient tous logez dans vn mesme palais, & qu'ils mangent tous à vne mesme table, les chambres & les

places ne laisseront pas d'e-
stre differentes; mais comme
ceux qui seront plus haut
regarderont les autres sans
mespris, ils en seront aussi re-
gardez sans enuie, & l'amitié
regnera parmy eux auec tant
de correspondance que les
vns feront vne bonne partie
de leurs contentemens, de la
plus grande gloire des autres.

CHAPITRE IIII.

Des qualitez des corps glorieux.

NOus auons dit qu'en
la Resurectiõ le mon-
de seroit renouuelé, & qu'a-

pres fa purification par l'element du feu, il reprendroit
l'efclat d'vne feconde beauté
incomparablement plus grã-
de que la premiere. Puis
qu'il n'auoit receu celle-cy
que pour noftre vfage & pour
noftre fatisfaction, à plus forte raifon ne receura-il ces
nouueaux embelliffements
que pour celle des bien-heu-
heureux ; leurs corps n'auront pas moins de priuilege
que le refte de la nature, ils
feront donc reformez auffi
bien qu'elle, la raifon veut
qu'ils refpondent par leurs
qualitez à celles de leurs a-
mes, & que la magnificence
des palais foit proportionnée

à la grandeur de ces belles
hosteſſes.

La Theologie reduit tous
leurs auátages à quatre principaux. Le premier eſt l'im-
paſſibilité laquelle n'exclud
pas cette ſorte de paſſion qui
donne vne forme naturelle
& conuenable au ſuiet qui la
reçoit, mais celle-là ſeulemét
qui ſe prend pour la receptió
d'vne forme eſtrangere &
malfaiſante, qui deſtruit pluſtoſt ſon ſuiet qu'elle ne le
perfectionne; c'eſt de cette
derniere ſorte de paſſion que
les corps glorieux ſeront incapables, rien ne pourra
troubler leur ſanté ny fleſtrir
leur embompoint; cette par-

faite symmetrie des humeurs
entre l'excez, & le deffaut les
conseruera eternellement au
dedans, & le dehors sera pre-
serué de toutes les choses
nuisibles, soit par la vertu
d'vne merueilleuse resistance
dont ils seront pourueus, soit
par le refus que Dieu feroit
de son concours aux agens
qui les voudroient endom-
mager, si l'heureuse condition de leur vie couroit ris-
que de se voir iamais exposée
aux outrages, & aux violen-
ces de la nostre.

La clarté sera sans doute
de leur apanage, puis que
mesme nous ne conceuons la
gloire que sous la forme de

la lumiere , laquelle eſtant la
plus noble des qualitez corporelles ne manquera pas à
des corps glorieux; l'Eſcriture & les ſainƈts Peres mettent le Soleil & les eſtoiles
au deſſous, & ne croyent pas
que leur eſclat, qui doit eſtre
ſept fois plus grand qu'il n'eſt
auiourd'huy , le ſoit. aſſez
pour repreſenter celuy des
bien-heureux. Sainƈt Auguſtin & beaucoup deDoƈteurs
ont creu qu'ils ne ſeroient
pas ſeulement éclatans,mais
encore diafanes comme le
verre, & que l'on y remar-
queroit aiſément la merueil-
leuſe diſpoſition des parties
interieures du corpshumain,

c'eſt là que les reigles de la
phyſionomie ſeront ſuper-
fluës, parce qu'on verra tout
ce qui ſe paſſe au dedans auſſi bien qu'au dehors, & qu'ó
prédra ſuiet de glorifier Dieu
dans vn ouurage où la nature a fait les derniers efforts
de ſon induſtrie, c'eſt là que
nous contenterons la curio-
ſité qui nous porte tous les
iours aux innocétes cruautez
de l'Anatomie où les morts
inſtruiſent les viuans, & ſemblent leur dire que ſi la com-
poſition de ſa monſtre eſt
belle, elle eſt delicate, & qu'il
faut tres-peu de choſe pour
la demonter.

Les corps glorieux ſeront

si agiles, & si dispos qu'ils seront plus vistes que les vents
& plus prompts que les es-
clairs, ils ne resteront pas
d'estre extremement puis-
sans à cause d'vne vertu sur-
naturelle dõt ils serõt doüez,
c'est lors que les forces n'auront point besoin de reparation que les esprits ne seront
point dissipez, & que le trauail
ne sera pas suiuy de la lassi-
tude, c'est lors que nous aurons tous ces auantages corporels que les animaux ont à
present sur nous, & que s'il
y auoit lors des aigles & des
elephans nous mespriserions
leur force & leur vistesse; les
nostres iront iusqu'à ce point

qu'il ne nous fera pas feulement aifé de nous mouuoir à
noftre fantaifie plus prom-
ptement qu'vne flefche ou
qu'vn boulet de canon, mais
encore d'étraifner auec nous
les chofes les plus lourdes &
les plus pefantes. Sainct Au-
guftin & fainct Anfelme paffent plus outre, & le premier
affeure que le corps ira auffi
vifte que le defir, & l'autre ne
fait point de difficulté qu'il
ne puiffe remuer toute la
maffe de la terre.

Puis que les corps des iuftes feront tellement raffinez
qu'il ne leur reftera quoy que
ce foit des imperfections de
la matiere, il n'y a point de

doute qu'ils feront extremement subtils & penetrans.
Neantmoins il ne faut pas
s'imaginer, comme ont fait
quelques-vns, qu'ils deuien-
nent spirituels , encore que
leur promptitude & le reste
de leurs qualitez nous obligent à leur donner ce tiltre
par metafore, d'autant qu'il
est impossible qu'vne chose
change tellement de la nature qu'elle passe dans vne autre qui luy est directement
opposée, cette subtilité donc
sera en eux ce qu'elle fut en
nostre Seigneur, lequel for-
tit du ventre de sa Mere sans
effort, & entra dans la chambre des Apostres où tout e-

ftoit fermé, il ne manque ny
de pouuoir ny de volonté
pour cõmuniquer cét auan-
tage à fes amis, afin qu'ils ne
trouuent point d'obſtacle à
leurs deſſeins, ny de reſiſtan-
ce à leurs mouuemens ; les
corps les plus folides fouuri-
ront pour leur donner paf-
fage auſſi facilement qu'vn
corps liquide s'ouurift pour
le donner aux Ifraëlites, & les
oyfeaux ne fendent pas l'air
auec plus de legereté, qu'ils
trauerferont les montagnes
& les rochers.

La beatitude des efleus eft
vn aſſemblage de tous biens
comme la mifere des dam-
nez eft vn aſſemblage de

tous maux, & puis qu'il eſt
indubitable que ceux-cy ſeront affligez dans la partie
ſenſitiue, il eſt auſſi tres-aſſeuré que ceux-là ſeront re-
jouys en la meſme partie,
Dieu n'eſt pas moins liberal
dans la recompenſe que ſe-
uere dans le chaſtiment, & ſi
l'imaginatiõ & les ſens exter-
nes des malheureux ont des
obiets d'horreur & de deplai-
ſir, ceux des bien-heureux
en auront de ioye & de contentement. De quelque co-
ſté qu'ils tournent la veüe ils
ne la porteront que ſur de
belles choſes. Si l'émail des
parterres : Si la pompe & la
regularité des baſtimens ar-

reftent la noftre icy bas , que feront l'efclat & l'agreable diuerfité des couronnes des Sainéts dans les plus fuperbes & magnifiques palais qu'on puiffe imaginer ? mais que ne fera pas la prefence de Iefus-Chrift, de fa fainéte Mere, des Apoftres & de toute la Cour du Paradis ? Si la mufique des voix & des inftrumens nous rauift, n'eft-il pas trop vray femblable qu'on chantera des airs & qu'on touchera des cordes dans l'empirée d'vne methode mille fois plus charmante & plus delicieufe ? c'eft là que fe feront inceffamment à la gloire de Dieu des concerts

des hommes & des Anges
qui feront incapables de faire
vn faux ton, & qui ne feront
iamais interrompus. Si les
effences, &les parfums char-
ment icy noftre odorat par
leurs exhalaifons, fi nous
prenons tant de plaifir à bruf-
ler des paftilles, & à fentir de
la caffolete; ne deuons nous
pas croire que la maifon de
ce grand Roy, & le temple
de ce Preftre eternel, ne man-
queront point de ce contentement delicat, & que pour
la fumée d'vn peu d'encens
que nous luy aurons offert, il
nous rendra des odeurs plus
aromatiques, & qui ne font
pas de noftre connoiffance?

Enfin nous gousterōs sans la
necessité des alimens, les delices de la bouche, & tous les
sens auront des obiets conuenables à leur perfection.

CHAPITRE V.

Du seiour des bienheureux.

TOus ceux qui ont parlé
de la demeure des saints
sont d'accord qu'elle est au
Ciel empirée, & qu'ils voyent
au dessous d'eux les estoilles
du firmament, mais ils ne le
sont pas touchant l'endroit
où elle est située. Quelques
vns veulent qu'elle soit au

deſſus de la voute de ce ciel,
& ſe fondent ſur des paſſages
de la Bible, qui ſemblent fa-
uoriſer leur opinion, où il eſt
dit que noſtre Seigneur eſt
monté au deſſus de tous les
cieux, de ſorte que les bien-
heureux auroient les pieds
ſur la partie exterieure de la
voute , & le reſte du corps
dans ce vuide infiny que nous
appellons eſpaces imaginaires, d'autres, auec plus de vray
ſemblance , diſent que cét
agreable ſeiour eſt au dedans
de ce ciel , qu'ils diſtinguent
en trois regions comme les
autres , à ſçauoir la baſſe, la
moyenne , & la ſuperieure;
les deux extremes ſont ſoli-

des , celle du milieu liquide
remplie de quelqu'air cele-
fte propre à la refpiration,
c'eft là qu'ils eftabliſſent la
Cité deDieu,la ſainƈte Sion,
la Ieruſalem celeſte, dont il
eſt ſi hautement parlé dans
l'Eſcriture.

Puis que la Cour des Rois
eſt ſi pompeuſe,& ſi eſclatan-
te, quel iugement doit-on
faire de celle de Dieu,dont
les Rois ne ſont que les ſub-
jeƈts ? S'ils habitent dans des
Palais ſi ſomptueux & ſi magnifiques, ſi l'or , l'argent, le
iaſpe, le marbre & le porfire
y reluiſent par tout, ou quelque matiere plus vile n'eſt
pas abſolument neceſſaire.

fi pour encherir fur les plus
fameux ouurages de l'antiquité, ils efpuifent tous les
iours les mines & les carrie-
res, aufli bien que l'induftrie
des Architectes, fi la folidité
des foubaffemens, la hauteur
des colomnes, les fueillages
des chapiteaux, l'enjoliue-
ment des frifes, la delicateffe
des corniches font vne fi a-
greable perfpectiue, qu'elle
contente le fens & la raifon,
que ne deuons-nous pas ef-
perer de voir dans vne illu-
ftre Cité, dont les moindres
maifons feront incompara-
blement plus riches que les
plus grands palais de l'vniuers, fi les lieux de plaifance

font pourueus de tous les ag-
greémens imaginables , si les
iardins, les bois, les allées, les
fontaines , les bassins, les ca-
binets , les grotes sont des
choses si diuertissantes, pou-
uons-nous douter que le Paradis en soit dépourueu ou
d'autres infiniment plus re-
creatiues , puis qu'il est remply de ce que l'œil n'a point
veu & que l'oreille n'a point
ouy ? l'homme seroit-il plus
industrieux que l'autheur de
l'art, & de la symmetrie , &
la terre seroit-elle plus feconde que le ciel, à qui elle
confesse deuoir toutes ses ri-
chesses ?

Concluons donc que s'il

faut prendre au pied de la lettre ce qui eſt dit du ſeiour des bien-heureux dans la ſaincte Eſcriture qui nous le depeint ordinairement comme vn beau palais, ou comme vn temple tres-magnifique, il doit eſtre baſti d'vne façon & d'vne matiere auſſi eſloignées des noſtres, que nous le ſommes d'eux. La Moſaïque, la Corintiene, la Toſcane ne ſont que des inuentions humaines ; nos bois, nos pierres, nos mineraux ſont des productions de la nature. Dieu qui n'a eu beſoin de rien de tout cela pour baſtir le monde, a ſans doute preparé à ſes amis, à

fes enfans,&à fes heritiers vn
logement fi rare,& fi aduantageux,que pour le bien def-
crire, il faudroit en auoir veu
le plan dans fes eternelles
idées. Quoy qu'il en foit, les
Citoyens de la Republique
triomphante perdent l'vfage
des fouhaits, & de toutes les
paffions inquietes, ils iouyf-
fent d'vne paix fans alarme,
d'vne ioye fans treffaillemét,
& d'vne abondance fans degouft. Rien ne peut manquer
à l'accópliffement de la fouueraine beatitude, à laquelle
nous fommes tous appellez,
puis que c'eft pour elle que
nous fommes creéz, confer-
uez, rachetez & iuftifiez, &

qu'enfin c'eſt par elle qu'vn
iour nous ſerons glorifiez.
Ainſi ſoit-il.

FIN.